基于资源的铁路运输能力理论与计算方法

廖正文 著

人民交通出版社股份有限公司
北 京

内 容 提 要

本书从铁路运输系统中运输资源投入与运输产品产出的定量关系出发，将铁路运输能力计算问题归结为在运输资源约束下求可实现的最大运输产出的组合优化问题，提出基于资源的铁路运输能力特征模型。结合现实中铁路运输能力计算问题的复杂性，基于优化图解法铺画满表列车运行计划的能力计算原理，提出考虑多资源适配的铁路运输能力计算方法、考虑多粒度资源运用协调的铁路运输能力计算方法，以及多类别列车共线运行的铁路运输能力计算方法。

本书可为铁路运输行业人员提供参考，也可作为铁路运输相关专业的本科生或研究生教材。

图书在版编目(CIP)数据

基于资源的铁路运输能力理论与计算方法/廖正文著.—北京：人民交通出版社股份有限公司，2023.10
ISBN 978-7-114-18930-2

Ⅰ.①基… Ⅱ.①廖… Ⅲ.①高速铁路—运输能力—计算 Ⅳ.①F530.86

中国国家版本馆 CIP 数据核字(2023)第 147306 号

书　　名：	基于资源的铁路运输能力理论与计算方法
著　作　者：	廖正文
责任编辑：	钱　堃
责任校对：	赵媛媛
责任印制：	张　凯
出版发行：	人民交通出版社股份有限公司
地　　址：	(100011)北京市朝阳区安定门外外馆斜街 3 号
网　　址：	http://www.ccpcl.com.cn
销售电话：	(010)59757973
总　经　销：	人民交通出版社股份有限公司发行部
经　　销：	各地新华书店
印　　刷：	北京虎彩文化传播有限公司
开　　本：	720×960　1/16
印　　张：	11.75
字　　数：	266 千
版　　次：	2023 年 10 月　第 1 版
印　　次：	2023 年 10 月　第 1 次印刷
书　　号：	ISBN 978-7-114-18930-2
定　　价：	79.00 元

(有印刷、装订质量问题的图书，由本公司负责调换)

前言

随着我国铁路运输网络特别是高速铁路网络的快速扩张,铁路运输供给和需求均发生了很大的变化。铁路运输能力计算问题研究运输资源投入与运输产品产出的定量关系,贯穿铁路规划、设计和运营全过程,需要在日新月异的铁路供需形势下发挥重要的指导作用。但是,既有的铁路运输能力计算方法考虑的因素不够全面且建模精度有限,在复杂的铁路网布局、运力资源配置和运输产品结构下,难以全面、准确地描述铁路运输生产过程,运输能力计算结果的准确性有待提高。因此,有必要从铁路运输能力的形成机理出发,研究铁路运输能力计算问题的基本特征,提出各类复杂条件下的铁路运输能力计算方法,以指导铁路运输资源的配置和利用。

本书从铁路运输系统中运输资源投入与运输产品产出的定量关系出发,分析、抽象铁路运输能力的要素和影响因素,将铁路运输能力计算问题归结为在运输资源约束下求可实现的最大运输产出的组合优化问题。结合现实中铁路运输能力计算问题的复杂性,基于优化图解法铺画满表列车运行计划的能力计算原理,提出三种铁路运输能力计算模型及其求解算法。

本书得到了国家重点研发计划先进轨道交通重点专项"高速铁路成网条件下铁路综合效能与服务水平提升技术"下的课题"铁路网运营综合保障技术"(2018YFB1201403),以及中国铁路北京局集团有限公司科技研究开发计划重大课题"高速铁路运能利用评估系统"(2017AY03)的支持。全书内容共分为7章,安排如下:

第1章系统梳理了铁路运输能力的相关概念、研究意义和主要影响因素,分析了铁路运输能力计算的国内外研究现状和关键问题。第2章提出了基于资源的铁路运输能力理论,定量、抽象地将铁路运输能力计算问题归结为数学优化领域的组合优化问题,构建了基于"移动"和"资源"两个要素的铁路运输能力计算抽象模型及其0-1规划实例。第3章研究了考虑多资源适配的铁路运输能力计算方法,针对多种铁路运输资源适配问题,分别采用两种方法解决固定设备资源和活动设备资源适配下的铁路运输能力计算问题。第4章研究了考虑多粒度资源运用协调的铁路运输能力计算方法，分析了不同粒度资源下列车运行过程的描述方法及其对应关系，给出了列车运行过程在区间的宏观描述方法和在车站内的微观描述方法，构建了基于多粒度时空网络的能力计算数学模型，提出了面向粒度自适应的行生成算法，根据宏观解中存在的微观冲突，有选择性地生成微观冲突约束迭代求解。第5章研究了多类别列车共线运行的铁路运输能力计算方法，采用多目标方法将能力计算的目标从"最大化列车总数"扩展为"最大化各类列车数量"，并采用帕累托最优前沿表征所有可能的铁路运输能力。第6章为实例分析，以中国铁路郑州局集团有限公司管辖范围内的高速铁路和城际铁路网为例进行运输能力计算与分析，以表明本书提出的铁路运输能力计算方法可以在大规模复杂场景下应用，从而支撑铁路运营决策。第7章进行了总结与展望

限于作者水平，本书难免存在不足之处，敬请各位读者批评指正。

作　者

2023年8月

目 录

第1章 铁路运输能力概述 ·· 1
    1.1 铁路运输能力的概念 ·· 1
    1.2 铁路运输能力的研究意义 ·· 6
    1.3 铁路运输能力的主要影响因素 ·· 8
    1.4 铁路运输能力的研究现状 ··· 15

第2章 基于资源的铁路运输能力理论 ·· 38
    2.1 基于资源的铁路运输能力计算问题的抽象 ································· 38
    2.2 铁路运输能力计算框架与研究边界 ······································· 45
    2.3 本章小结 ··· 50

第3章 考虑多资源适配的铁路运输能力计算方法 ·································· 51
    3.1 铁路运输资源利用的一般建模与求解方法 ································· 51
    3.2 按时间域分解的多资源铁路运输能力计算方法 ····························· 58
    3.3 按资源类别分解的多资源铁路运输能力计算方法 ··························· 68
    3.4 本章小结 ··· 88

第4章 考虑多粒度资源运用协调的铁路运输能力计算方法 ·························· 89
    4.1 铁路点、线能力利用协调下的运输能力计算问题 ···························· 90
    4.2 不同粒度资源下列车运行过程建模 ······································· 93
    4.3 多粒度资源运用协调的铁路运输能力计算方法 ···························· 103
    4.4 案例分析 ··· 108
    4.5 本章小结 ··· 117

第 5 章 多类别列车共线运行的铁路运输能力计算方法 ………… 118
5.1 多类别列车共线运行的铁路运输能力 ………………… 118
5.2 基于多目标优化的铁路运输能力计算方法 …………… 122
5.3 案例分析 ………………………………………………… 132
5.4 本章小结 ………………………………………………… 134

第 6 章 基于资源的铁路运输能力计算实例分析 ……………… 135
6.1 实例分析概述 …………………………………………… 135
6.2 不同径路列车共线运行下的铁路运输能力计算 ……… 139
6.3 铁路网运输能力计算与分析 …………………………… 140
6.4 本章小结 ………………………………………………… 148

第 7 章 结论与展望 ……………………………………………… 149
7.1 研究工作总结 …………………………………………… 149
7.2 研究展望 ………………………………………………… 150

附录 A 符号定义 ………………………………………………… 153

附录 B 计算参数和数据输入 …………………………………… 159

附录 C 计算结果 ………………………………………………… 166

参考文献 …………………………………………………………… 168

第1章 铁路运输能力概述

1.1 铁路运输能力的概念

铁路运输系统是一类特殊的生产系统。铁路运输能力可用于表征在一段时间内铁路运输系统利用一定的运输资源,按一定的工作方法组织铁路运输生产,可以完成的最大运输产品产出。相比于一般的生产系统,铁路运输系统的资源投入、系统运作、产品产出均有一定的特殊性,因此铁路运输能力这一概念具有复杂的特征,铁路运输能力的计算、利用、加强、储备等问题成为生产管理领域中特色鲜明的研究主题。对于具体的铁路运输系统而言,资源投入、系统运作和产品产出概念对应铁路运输系统中的特定要素,如图1-1所示。

图1-1 铁路运输系统的资源投入、系统运作与产品产出

1)资源投入

铁路运输系统的资源投入指完成运输任务需要利用一定的设备资源和人力资源。其中,设备资源又可以分为固定设备资源与活动设备资源。固定设备资源是活动设备资源移动的前提条件,决定了活动设备资源移动的空间范围和时间顺序;活动设备资源作为旅客和货物的运输载体,在固定设备资源组成的铁路运输基础设施网络上移动,进而实现旅客和货物的位移。此外,实现客货位移还需要一定的人力资源(可以看作一种特殊的"活动设备")来完成各项地面的客货运输和运转作业,以及在列车上驾驶、提供随车服务等。

相比于一般意义上的资源,铁路运输系统的资源具有以下特点:①铁路运输系统涉及的资源种类复杂,数量较多,每种资源的运用条件有所区别;②各种运输资源在不同的时间、地点可以发挥的作用是不同的,固定设备资源不可调拨,活动设备资源和人力资源具有时空特性,可在一定范围调拨,运输任务的完成需要各类运输资源在时间和空间上紧密配合。

2)系统运作

铁路运输系统运作指组织、协调各种铁路运输资源,以实现旅客和货物的位移。具体而言,铁路运输系统运作可以分为战略层、战术层和操作层,不同层面的运作其资源组织的时效性、精细度均有所不同。铁路运输系统的运作层次如图1-2所示。

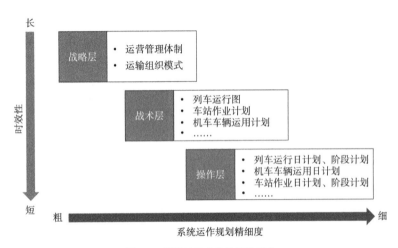

图1-2 铁路运输系统的运作层次

在各项作业计划的协调配合下,铁路运输系统可以实现最大限度的资源利用,满足尽可能多的客货运输需求。在铁路运输系统运作的各个层面,资源运用均具有以下特点:①系统中各种资源的运用存在一定的条件限制,如闭塞分区的占用时间间隔、动车组的检修周期;②资源间的运用环环相扣,有很强的关联性,如车站到发线运用与咽喉进路的运用、车站的列车到发作业与区间列车追踪运行;③资源可以灵活组合,因此资源运用的可能性很多。

3)产品产出

运输产品具有3个基本特性,即空间特性、时间特性和数量特性。铁路运输的核心产品是旅客和货物的位移,因而在运输能力计算的研究中,一般以旅客和货物的位移(如人公里、吨公里)表征,或以与旅客和货物位移具有对应关系的列车(对)数表征。这些铁路运输产品产出的表征方法均侧重于"量",即对运输需求量的满足程度。随着社会对铁路运输"质"的需求不断提升,铁路运输产品的特性不断扩展,不仅包含以上3个基本特性,还包含服务等级、特殊服务等更多关于服务质量的特性。因此,用于衡量铁路运输产品产出的运输能力也应具备"多维度"的特征。

4) 铁路运输能力与资源投入、系统运作、产品产出的关系

从资源投入与产品产出的角度看,铁路运输能力是在资源投入上限给定的条件下,根据系统运作的规则可以获得的最大合格产品产出量,是某一特定运输生产过程的投影(将复杂的生产过程投影至运输能力这一特征量上)。因此,对铁路运输能力的研究实质上是探讨并揭示资源投入、系统运作、产品产出之间的定量关系。值得注意的是,铁路运输能力所表征的"最大合格产品产出量"代表的是在一定的资源投入和系统运作方式下,铁路运输系统可能的产出,即便这些运输产品没有被实际生产出来,该铁路运输系统也具备相应的运输能力。

从以上铁路运输能力的形成过程可知,铁路运输系统由各类运输资源和被运输对象构成,二者在行车组织方法的协调和控制下,向外界输出位移。为了描述在一定的运输资源约束下铁路运输系统的最大产出,相关学者定义了铁路运输能力的概念和相关术语。

铁路运输能力是铁路通过能力和铁路输送能力的总称。

铁路通过能力是指该铁路线在一定的机车车辆类型和一定的行车组织方法的条件下,根据其现有的固定设备资源,在单位时间(通常指一昼夜)内最多能够通过的列车对数或列车数。

铁路输送能力是指该铁路线在一定的固定设备资源、一定的机车车辆类型和一定的行车组织方法的条件下,根据现有的活动设备资源数量和职工配备情况,在单位时间内最多能够通过的列车对数、列车数或货物吨数。

在铁路运输能力的定义中,系统的组分被描述为设备条件,系统组分之间的互动关系被描述为"一定的行车组织方法",铁路运输能力被描述为"最多能够通过的列车对数或列车数"。铁路运输能力的概念隐含了铁路运输能力与运输资源的关系:铁路运输能力除了取决于运输资源本身外,还取决于运输资源的利用方式。

铁路运输能力是系统级的表征量,在系统组分、结构或运作规则不确定的情况下,系统的运输能力是无法确定的。在铁路运输能力计算问题中,如果不给定系统的运作规则(即一定的行车组织方法),虽然可以计算得到运输能力在理论上的最大值,即理论能力,但是该值对应的系统运作情况是高度理想化的,在现实中几乎不可能实现,其实际价值较低。为此,在定义铁路运输能力的概念时,需要给定对应的行车组织方法作为计算条件。另外,铁路运输系统的性能可以从不同的角度

观察和衡量,因而在计算铁路运输能力时需要指定具体的研究对象和研究角度。基于此,铁路运输能力的概念可以从不同的角度按照以下分类方法给出。

(1)考虑的运输资源。铁路运输能力的概念可以按考虑的运输资源种类分类。例如,仅考虑固定设备资源约束的通过能力,与同时考虑固定设备资源和活动设备资源约束的输送能力。需要强调的是,将一切以"一昼夜通过的列车数或列车对数('列/d'或'对/d')"作为单位衡量的铁路运输能力称为铁路通过能力,而将一切以"一年通过的货物吨数(t/a)"作为单位衡量的铁路运输能力称为铁路输送能力,这是对铁路通过能力和铁路输送能力概念的误读。事实上,铁路运输能力属于通过能力还是输送能力范畴,取决于其受固定设备资源影响还是同时受固定设备资源和活动设备资源影响。使用"列/d"还是"t/a"来衡量一种运输能力,并不能改变这种运输能力的类型。有的研究根据影响因素中的设备类型,将运输能力分为仅取决于基础设施配置与运用的基础设施能力(infrastructure-driven capacity),以及仅取决于活动设备配置与运用的机车、车辆能力(vehicle-driven capacity)。

(2)行车组织方法约束。铁路运输能力可以根据是否考虑具体的行车组织方法约束,分为理论能力(theoretical capacity)和实际能力(practical capacity)。其中,理论能力几乎不考虑特定行车组织方法约束,计算得出的是最大可以实现的运输能力;实际能力考虑交通流特征、运营特征和运行图结构,计算得出的是满足这些条件的最大运输能力。部分外文文献还将一定运行图兑现情况作为实际能力的计算条件。

(3)服务水平。Vieira 等提出铁路运输能力需要在一定服务水平(level of service,LOS)下度量。具体而言,铁路运输能力与运行速度、准点率、延误时间、停站时间等运营质量指标相关,它反映一定服务水平约束下的最大运输产出,需要在给定服务水平的条件下进行计算。

(4)研究对象。从铁路网局部的角度,铁路运输能力可以按研究对象分为区间通过能力和车站通过能力。其中,车站通过能力又可以进一步细分为到发线通过能力和咽喉通过能力。从路网全局的角度,可以计算路网运输能力,以及路网局部的枢纽通过能力。从高速铁路客流在区段的分布角度,可以将线路划分为若干客流区段,计算客流区段通过能力。

铁路运输能力定义中,"一定的行车组织方法"具有模糊性,不同的能力计算方法隐含着对"一定的行车组织方法"的不同理解,并体现在具体能力计算方法的细节中,用于限定和明确铁路运输系统的组分、结构和工作方式,例如:

(1)一定的反复排列的运行图单元或一定的开行特殊列车,须从平行图上扣除标准列车的数量关系,如扣除系数法;

(2)列车运行顺序固定的运行图结构,如运行图压缩法;

(3)一定的作业事件序列,如仿真法(当中的仿真方案输入);

(4)各种不同列车按一定比例组合形成的"列车组",即不同"列车组"的比例,如最小平均间隔时间法;

(5)按一定的列车开行方案生成的备选运行线,如图解法。

由以上分析可知,不同的计算条件下,铁路运输能力的计算结果不同。在所有的计算条件中,"一定的行车组织方法"这一定义并不清晰的条件极容易导致铁路运输能力计算结果的差异。运输能力计算方法中,对"一定的行车组织方法"界定得越细,约束条件越多,计算得到的铁路运输能力结果就越小,但越有针对性;反之,约束条件越少,计算得到的铁路运输能力结果就越大,但可能由于忽略了必要的约束条件,与实际情况产生较大偏差。因此,在计算铁路运输能力前,需要根据研究对象、运输资源、运输组织自由度等因素,明确界定铁路运输能力的计算条件,即明确铁路运输能力定义中"一定的行车组织方法"的具体含义。

通过分析铁路运输能力的研究对象、考虑的运输资源和行车组织方法约束,可以将常见的铁路运输能力概念梳理为铁路运输能力概念谱系,如图1-3所示。

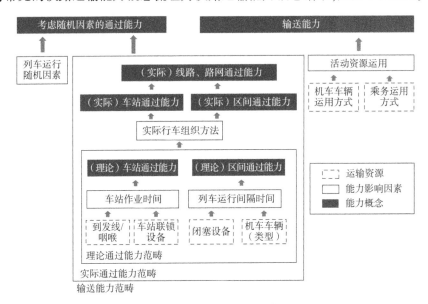

图1-3 铁路运输能力概念谱系

需要强调的是,除了图1-3中列举的经典的、常用的运输能力概念外,铁路运输能力概念谱系还有待补充完善。理论上,可以将能力的影响因素自由组合,形成各类特殊的运输能力概念。这些运输能力概念只要是抓住实际问题中的关键因素、忽略次要因素组合形成的,就具有一定的研究意义。例如,在运输需求相对较小的线路上,机车、车辆的配置数量通常相对较少,在需求波动时容易发生暂时性的机车、车辆短缺,而车站的通过能力始终相对富余。这种情况下,活动资源运用就成为运输能力的主要影响因素。为此,可以定义不考虑车站通过能力的一种特殊的"输送能力"概念。

1.2 铁路运输能力的研究意义

近年来,我国铁路运输的供给和需求形势发生了很大的变化。铁路线路建设方面,截至 2022 年末,我国铁路营业里程达到 15.5 万 km。其中,高速铁路(设计速度≥250km/h)营业里程达到 4.2 万 km。根据《中长期铁路网规划》,未来我国的铁路运输供给水平将进一步提升。《新时代交通强国铁路先行规划纲要》指出,2050 年将全面建成更高水平的现代化铁路强国,铁路运输技术装备水平将更加先进,组织管理手段将更加精细,以全面服务和保障社会主义现代化强国建设。在铁路运输市场方面,在经济社会发展和铁路运输服务进步的共同促进下,铁路运输需求的特点发生了很大变化。在客运方面,高速铁路以便捷、舒适、优质的服务吸引了大量旅客,高速铁路成为铁路旅客运输的"主力军",旅客对出行的个性化需求也不断增加。在货运方面,在"公转铁"政策引导下,大宗物资仍然是铁路的主要货源,但多式联运、集装箱、冷链等新兴货运需求不断涌现,铁路货运需求呈现多样化、快速化、市场化的趋势。在新的铁路运输供给和需求形势下,如何合理地利用铁路基础设施和机车、车辆等运输资源形成运输能力,以满足不断涌现的运输需求,是铁路运输组织的核心任务。

铁路运输能力用于表征在一定的运输资源投入下铁路运输系统的产品产出上限,体现运输资源投入与运输产品产出的定量关系,是联结铁路运输供给与需求的纽带。铁路运输系统的资源组成和运作方式非常复杂,因而在研究铁路运输能力时,往往根据铁路运输能力利用的主要矛盾,有选择性地考虑影响铁路运输能力的主要因素而忽略次要因素。例如,在资源类别方面,着重考虑以基础设施为主的紧缺资源,而较少考虑其他运输资源(如机车、车辆等活动设备)对运输能力的约束作用;在研究对象方面,着重研究路网特定局部的能力计算与分析,而较少研究铁路点、线、网运作协调形成的整体运输能力;在计算条件方面,往往以相对简单的行车组织方法作为计算条件,对于多种列车等级、运行径路、停站方案及列车混合开行等复杂情况缺乏充分的讨论。随着我国铁路运输供给和需求的变化,铁路运输企业对资源运用精细化、运输组织市场化的程度提出了更高的要求。为了适应更高要求的运营目标,铁路运输能力计算问题面临着新的挑战。为了使铁路运输能力在新的供给和需求形势下更好地发挥纽带作用,本书从铁路运输资源运用这一运输能力形成的基础出发,深入研究铁路运输能力的形成机理、表征方式和计算方法,使铁路运输能力计算结果更加符合实际情况,能够更好地服务于新形势下铁路运输资源配置和运用。铁路运输能力计算的理论意义和现实意义具体分析如下。

1.2.1 理论意义

铁路运输能力计算的本质是明确铁路运输资源投入与铁路运输系统产品产出在数量上的映射关系。从更加一般的意义上讨论,铁路运输能力计算、分析与评估对应的科学问题是复杂系统中多资源投入与复杂成品产出的定量关系的问题。其中,"复杂系统"指的是铁路运输系统的组成部分数量庞大,结构、功能、性能各异,分布范围广泛,相互作用关系复杂;"多资源"指的是铁路运输系统包含固定设备资源、活动设备资源、人力资源等多种直接投入生产的资源,不同资源类别下又可依据功能的差异细分为子类别;"复杂成品产出"指的是铁路运输系统"产品"的具体形式复杂多样,如不同等级、不同起讫点、不同径路、不同停站方案、不同开行时段的列车。具体而言,铁路运输能力计算在理论上解决的是何种组合的资源投入,在一定的铁路运输系统生产规则下,能够产生何种组合产品的问题。

解决铁路运输能力计算问题的基本方法均是沿着"资源投入—系统运作—产品产出"这一脉络,对铁路运输进行系统建模,以描述铁路运输系统资源投入与产品产出的映射关系。具体而言,是求解在资源约束下最大运输产出的组合优化问题。因此,研究铁路运输能力计算有助于掌握铁路运输能力形成机理,以指导优化资源投入,改善产品结构,提高资源的总体利用效率。

1.2.2 现实意义

铁路运输能力所分析的资源投入与产品产出的映射关系贯穿铁路运输系统规划、设计、运营的各个环节。铁路运输能力计算在铁路运输系统各阶段中的作用如图1-4所示。

(1)规划、设计阶段。在铁路运输系统规划、设计阶段,需要根据需求规划和设计运输系统供给,形成合理的运输能力。此时,形成合理的运输能力是铁路规划、设计的间接目标。在规划阶段,运输能力计算服务于运力资源的初步配置,如基础设施的布置和技术标准的确定;通过对规划线路、车站、枢纽进行能力计算,验证规划方案是否能够实现规划的目标,保证投资效益。在设计阶段,需要在确定线路、车站的具体布局方案以及采用的行车组织方法时,校验各专业的设计方案是否能够达到运输能力设计目标,以确保设计方案满足规划的要求。

(2)运营阶段。在铁路运输系统投入运营后,运输需求和运输供给均会动态变化,铁路运输计划也会随之有所调整,需要及时计算变化的铁路运输能力,以指导铁路系统的运输组织和升级改造工作。例如,在普速铁路中,计算区段最多能铺画的货物列车运行线数量,其结果可以服务于车流径路、编组计划的编制工作,以实现车流和列车流在路网中的均衡。在运营阶段的运输能力计算也可以用于识别运输能力瓶颈,为后续的能力加强方案提供依据。

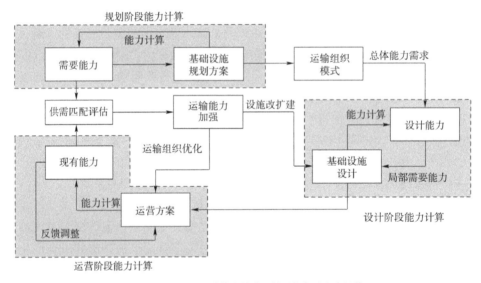

图1-4 铁路运输能力计算在铁路运输系统各阶段中的作用

1.3 铁路运输能力的主要影响因素

铁路运输能力的影响因素可以分为技术条件因素和运输组织因素。其中,技术条件因素取决于固定设备资源和活动设备资源的性能和配置方式,而运输组织因素取决于行车组织方法约束下列车运行计划的能力利用情况。在我国铁路运输能力加强的理论中,也按以上二者的区别,将加强铁路运输能力的措施分为改建措施和技术组织措施两类。

1.3.1 技术条件因素

技术条件因素由运输资源的配置方案、工作方式和性能指标构成,这些因素共同决定了列车的最小间隔时间,从而决定了铁路的通过能力。列车的最小间隔时间是在多种技术条件的约束下计算得到的,抽象了线路、信号系统、牵引供电系统以及机车、车辆对运输能力影响的细节,是各类设备对运输能力的影响在宏观铁路交通流上的体现。

(1)线路。

铁路线路是机车、车辆驻留和运行的基础。一方面,铁路线路的工程参数(如坡度、曲线半径)是列车运行动力学方程的重要参数,通过影响列车的运行速度而影响设备(如闭塞分区、车站轨道电路区段)的占用时间,进而影响列车的间隔时间;另一方面,铁路线路的数量和连接方式决定了机车、车辆实现位移的可能性。例如,站间距影响非平行运行图的能力损失;区间线路的数量决定了列车运行图的铺画方式(如单线运行图、双线运行图等);车站的到发线数量决定了同时位于车站内的列车数量,影响列车的越行;车站咽喉的布置形式决定了列车到发作业是否存在敌对进路。以上因素均可以直接或间接地以列车占用特定部分线路的间隔时间表达。

(2)信号系统。

铁路信号系统将线路划分为若干可以被机车、车辆独占的单元(以下简称"线路单元"),并利用一定的规则控制这些线路单元的使用,以维护列车运行秩序,避免列车冲突(移动闭塞的线路单元可看作无限细分的线路)。具体而言,信号系统利用信息的交互(如色灯信号、无线通信等),规定何时、何段线路被何列车独占,实现线路资源在时间上的分配。铁路信号系统的制式、性能、布置方式影响线路占用时间的分配规则,从而影响列车的间隔时间。

一般而言,线路单元只包含两种状态:占用状态与空闲状态。其中,占用状态又可以根据占用该线路单元的列车是否实际运行于该单元上,进一步划分为实际占用状态与逻辑占用状态。为了分析列车对线路单元的占用时间,欧洲学者提出了锁闭时间的计算原理。图片"使用'锁闭时间'描述列车对线路的占用(三显示自动闭塞)"请扫描二维码查阅。该图片给出了三显示自动闭塞下锁闭时间的组成部分示意图,其中"车头通过时间"和"车尾离开时间"这两部分为实际占用,其余部分为逻辑占用。实际占用时间取决于列车的

使用"锁闭时间"描述
列车对线路的占用
(三显示自动闭塞)

运行速度，而逻辑占用时间包括道岔的转换、信号的开放、进路的解锁等一系列信号系统的工作时间，以及接近时间、反应时间等列车间隔保持所需的作业时间。其他的闭塞制式下，锁闭时间的计算原理与之类似，但具体的计算方式有所不同。

在列车运行径路上，依次计算各个线路单元的锁闭时间，可以得到关于该列车的阶梯闭塞分区锁闭时间带（blocking time stairway），用于判断列车是否存在占用时间的冲突。锁闭时间既可以作为列车运行图编制的约束，又可以用于计算前后行列车的最小间隔时间。值得注意的是，锁闭时间与我国铁路的列车间隔时间在计算原理上是基本一致的。锁闭时间着重描述单列车对线路单元的占用时间范围，而列车间隔时间着重描述前后行列车占用线路单元的时间间隔，二者可以相互转换。近些年，越来越多学者将锁闭时间的计算原理引入我国的铁路运输能力计算中，如刘佩依托锁闭时间理论（blocking time theory），精细地研究了各种情况下列车锁闭时间的构成和相关时间参数计算方法。

通过分析铁路信号系统的发展历程可以发现，铁路信号系统对铁路运输能力的影响体现在列车运行控制信息的密度上。在保证列车运行安全的前提下，通过尽可能地加大信息密度（如提高列车定位精度、加快信息交互频率和传输速度），减少列车对固定设备资源的锁闭时间，缩小作业间隔，使线路单元在相同时间内通过更多的列车。铁路信号系统发展与信息密度变化如表1-1所示。

铁路信号系统发展与信息密度变化　　　　表1-1

信号制式	列车定位精度	信息传输方式	信息密度
人工闭塞	车站	电气路签、电话、地面信号	低
半自动闭塞	车站、线路所	地面信号、轨道电路	
自动闭塞	闭塞分区	地面信号、轨道电路	↓
准移动闭塞（CTCS-3）	闭塞分区	无线闭塞中心（RBC）、应答器、轨道电路	
移动闭塞	实时定位	无线闭塞中心、应答器	高
虚拟重联	实时定位	车-车实时通信	

（3）牵引供电系统。

牵引供电系统能力和设置方式影响铁路的通过能力，其中牵引变压器的供电能力是重要影响因素。例如，在高速铁路中，一个牵引变电所一般负责向两个供电臂供电。由于牵引变压器的总供电容量有限，在一个供电臂内上、下行可以同时运行的动车组数量是有限的,这种限制一方面会影响列车的追踪间隔,另一方面会影响列车的编组。在追踪间隔方面,列车追踪间隔过小会导致在一个供电臂内运行的列车数量超过牵引变压器容量限制,导致列车的牵引电机不能在正常工况下工作,影响列车运行效率。在列车编组方面,编组辆数决定列车牵引功率,长编组或重联运行的列车所产生的牵引供电负荷远大于短编组列车。为了满足牵引变压器的容量限制,需要适当增大长编组或重联运行的列车与其前后行列车的追踪间隔,提高线路的通过能力。

(4)机车、车辆。

影响通过能力的机车、车辆的性能参数包括:机车、车辆的运行速度、启动和制动性能。例如,在列车对闭塞分区的锁闭时间中,反应时间、接近时间、车头通过时间、车尾离开时间均与列车的运行速度相关。需要注意的是,信号设备的设计在某些细节上也取决于机车、车辆的性能,如信号系统制式的选择、固定闭塞中闭塞分区长度的设计、准移动闭塞和移动闭塞中列车速度防护曲线计算等均取决于列车的动力学性能。

因此,线路、信号系统、牵引供电系统以及机车、车辆对铁路运输能力的影响是相互关联的,在设计、选型等各个环节均需要针对运输能力进行适配。

1.3.2 运输组织因素

技术条件因素是铁路运输能力形成的"硬件条件",决定了铁路运输能力的上限,可以根据相关技术参数粗略地估算理论能力。但是,在实际的铁路运输组织工作中,各种资源需要在运输计划的指导下,实现时间、空间上相互协调,才能生产出满足需求的运输产品。在此情况下,很可能无法以最理想的方式运用各种设备,导致一定的运输能力折损,因而铁路运输能力还会受到运输组织因素的影响。运输组织因素与运输资源的运用、组织、协调相关,可以从铁路运输系统"系统运作"环节的各个层面(图1-2)具体分析。

1)运输组织模式

战略层中,影响铁路运输能力的主要因素是运输组织模式。铁路运输组织模式规定了铁路运输资源利用的大致框架,决定了在铁路网上运行的列车与列车群的宏观特征。典型的运输组织模式分类及其对运输能力的影响如下。

(1)列车种类模式。

运输组织模式按列车种类可以分为客货分线模式与客货混跑模式,其主要区别如下:①列车的种类。旅客列车和货物列车的作业类型不同,在客货混跑模式下,旅客列车和货物列车作业存在相互干扰,遇到冲突时,旅客列车往往具有较高的优先级;为了确保旅客列车的安全,在组织客货列车交会时存在额外的约束。②列车技术速度。旅客列车与货物列车的技术速度相差较大,因而客货混跑模式的列车运行图比客货分线模式的异质性更强,产生的能力损失更大。③列车的运行时间段要求。旅客列车对始发、终到时段有比较严格的限制,导致其可以使用的通过能力有限。

(2)列车速度模式。

在客货分线模式下,还可以按列车速度分为纯高速模式与中、高速列车混跑模式,其主要区别为中、高速列车混跑模式中,列车的技术速度差距较大,具有较强的混合交通特征,影响铁路运输能力的利用。

(3)客流输送模式。

客运系统中,运输组织模式按客流输送方式可以分为直达模式和换乘模式。直达模式是指按客流需求开行跨线、长距离列车,尽可能保证旅客不需要换乘即可完成出行;换乘模式是指只开行本线列车和较短距离列车,长距离或跨线旅客在换乘站换乘列车出行。由于二者输送客流的方式不同,其列车运行计划具有以下特点。

①停站模式。直达模式一般采用穿插停站的方法,在保证不存在旅客运输服务起讫点(OD)"盲点"的条件下,尽可能减少停站数量,以提升旅行速度;但在该模式下,列车的停站方案、停站时间差异较大,会产生不同的停站方案组合,运行图异质性强,通过能力相对较低。换乘模式普遍采取分级停站的方式,即长距离高级别列车停靠高等级车站,短距离低级别列车停靠高、低等级车站,乘客可以在不同级别车站换乘以完成出行。

②跨线列车开行模式。在成网条件下,如果采用直达模式,列车需要跨线运行以运送起讫点不在同一条线路上的旅客。首先,跨线列车大量开行将与本线列车相互干扰。对于干线铁路而言,跨线列车上、下线的时刻需要与邻接线路协调,灵活性较差,容易产生能力损失。其次,跨线列车在枢纽车站上、下线有可能与本线列车产生到达、出发进路交叉,影响车站的通过能力。如果采用换乘模式,可以仅开行本线列车(可适当保留少量跨线列车),并安排跨线旅客在枢纽车站换乘,以减少跨线列车运行导致的通过能力损失。

由此可见,换乘模式可以增强列车开行的灵活性,减少停站方案组合,降低运行图异质性,还可以避免开行超长距离列车或跨线列车,根据区段客流的不均衡性,灵活确定列车起讫点,以更充分利用运输资源。

(4)列车运行图的模式。

周期化模式指在1 d内按一定周期(如1 h)重复列车开行方案和列车运行图;非周期化模式指列车开行方案和运行图按不小于24 h的周期重复,或按"一日一图"方式开行列车。在相同条件下,周期化运行图比非周期化运行图多一个周期性约束,理论上其通过能力应比非周期化运行图小。但是,周期化模式蕴含了"公交化"的运营思想,其列车运行图的铺画条件与非周期化模式有较大区别。在周期化模式下,为了实现列车的高频率开行,需要采用高度同质的运行图,不允许列车继续沿用直达模式穿插停站的方式。在考虑换乘的条件下,采用周期化模式的高频率的列车开行可抵消换乘带来的不便。因此,在考虑换乘的条件下,铁路的运输能力有可能因为采用了周期化模式而有所提高。

2)列车运行组织计划

战术层中,以列车运行图为核心的各项列车运行组织计划对运输能力会产生重要影响。

(1)列车开行方案。

列车开行方案决定了列车的起讫点、停站方案和开行数量。列车开行方案完成了由客流到列车的映射,为列车运行图提出了运行线铺画"需求",并未直接进行运输资源的分配。但是,列车开行方案确定后,"列车开行结构"已基本成形,意味着参与运输资源分配的"竞争者"基本确定,将对运输资源的分配格局产生重大影响。

(2)列车运行图。

列车运行图的铺画为列车开行方案中的列车指定在各车站的到、发时刻,即各列车进入、离开区间的时刻,是固定设备资源在时间上的分配方案。从资源分配的角度看,列车运行图是在列车开行方案确定的"列车开行结构"的前提下,将固定设备(区间)资源在某时段的占用许可划拨给某列车。受到列车自身属性(如技术速度、停站、开行时间域)和"列车开行结构"(如不同种类列车比例、列车优先级决定的越行许可)的约束,部分固定设备资源在某些时段的占用许可很有可能无法分配给任何列车,从而产生通过能力的空费。利用锁闭时间阶梯表示的列车运行图中的通过能力空费如图1-5所示。

不同的列车运行线组合产生的能力空费不同,进而影响通过能力。例如,不同速度等级、不同停站方案的列车采用"集中铺画"和"分散铺画"的方式,如图1-6a)、b)所示。当不同停站方案的列车采用"递远递停"的顺序铺画,如

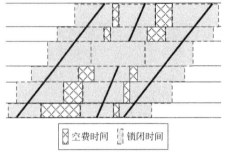

图 1-5 列车运行图中的通过能力空费

图 1-6c)所示,后行列车能充分利用前行列车停站产生的运行图空闲时间域,形成"阶梯嵌套"式的停站安排,最大限度地减少运行图空间的浪费。

列车运行图除了安排列车运行任务外,还需要安排其他生产任务。基础设施的维护任务是占用运输资源最多的其他生产任务,为此需要在运行图上预留维修(施工)"天窗"。在天窗时间段内,不安排行车任务,只安排线路、信号、供电等设备的维护任务。不同的天窗组织方式对列车运行任务产生不同的干扰,进而影响线路的通过能力。天窗形状对通过能力利用的影响如图 1-7 所示。

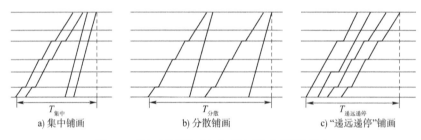

图 1-6 列车运行图铺画方式对通过能力利用的影响

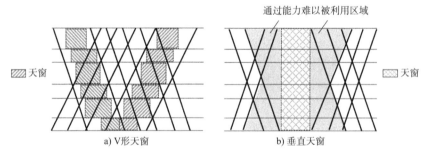

图 1-7 天窗形状对通过能力利用的影响

与列车运行相关的车站作业计划可以看作广义列车运行图的一部分,是列车运行图在车站层面的细化,描述的是车站层面的固定设备(如股道、咽喉轨道电路区段)在时间上的分配方案,其对通过能力的影响与列车运行图类似。

(3)活动设备资源运用计划。

以机车、车辆为代表的活动设备资源运用计划指定了担当列车的活动设备资源及其组合,是活动设备资源的分配方案。活动设备资源的数量、配属、运用计划、运营及维护规则等均会对运输能力产生影响。活动设备资源的数量决定了某一时刻可以同时进行的行车任务的最大数量;活动设备资源的配属和运用计划是否合理,决定了在完成了一项行车任务后,是否能够尽快将活动资源投入下一项行车任务中。需要注意的是,行车任务在时间和空间上往往是不均衡的,这意味着活动设备资源可以采用调拨的方式避免积压。合理的活动设备资源运用计划能够尽可能地压缩周转过程中的非生产时间(如等待接续、空走调拨),减少活动设备资源的积压,在一定的时间内承担尽可能多的行车任务,提高活动设备资源的运用效率。乘务员等工作地点随机车、车辆移动的人力资源也属于活动设备资源,像机车、车辆等活动设备资源一样,也会对运输能力产生类似的影响。

1.4 铁路运输能力的研究现状

1.4.1 铁路运输能力影响因素研究

铁路运输能力在中文文献中通常被认为是铁路通过能力(以下简称"通过能力")和铁路输送能力(以下简称"输送能力")的总称。通过能力和输送能力的主要区别在于是否考虑活动设备数量和配置对铁路运输能力的制约作用。通过能力是在设定类型的机车、车辆和一定的行车组织方法的前提下,固定设备在单位时间内能放行通过的标准重量的最大列车(对)数,取决于固定设备设置条件;输送能力是在铁路通过能力的基础上,考虑活动设备数量和职工配备情况,在单位时间内最多能够输送的列车(对)数或货物吨数,取决于固定设备设置条件和活动设备的数量和配置。客运专线的通过能力还可以用能通过的最多旅客人数来表示。

在外文文献中,不同国家的学者对铁路运输能力的定义有一定的区别,其中欧洲学者对铁路运输能力的定义较为多见。Bešinović等将铁路运输能力定义为:在一定时间范围内,可以在基础设施上运行的最大列车数。根据是否考虑交通特征(traffic pattern)、运营特点(operational characteristics)和运行图结构(timetable structure),铁路运输能力又可以分为理论能力和实际能力。Krueger将铁路运输能力定义为:铁路在给定的线路、资源及服务计划(开行方案)条件下(可以实现)的最大交通量。铁路运输能力存在多种名称不同的概念,但部分概念存在相似的内涵,Bešinović等将其进行归类,如表1-2所示。

外文文献中铁路运输能力相关概念 表1-2

能力相关概念	内涵相似概念
理论能力(theoretical capacity)	设计能力(design capacity) 绝对能力(absolute capacity) 能力产出(capacity throughput)
实际能力(practical capacity)	可实现能力(achievable capacity) 有效能力(effective capacity)
能力占用(时间)(capacity occupation)	设备占用(infrastructure occupation) 占用时间(occupation time) 使用能力(consumed capacity, used capacity) 能力利用(capacity utilization)
能力占用率(capacity occupation index)	能力利用率(capacity utilization index)

近年来,国内外学者撰写了关于铁路运输能力研究的综述。除以上比较常见的能力定义以外,部分文献采用更加广义的能力定义。例如,Vieira 等、Pouryousef 等均认为铁路运输能力存在三种表征方式,即总运输产出(如列车总数、总吨公里、总列车公里)、服务水平(如车站的停站时间、准点率、可靠性)和设备资源使用情况(如速度、固定设备资源占用时间或利用率)。除此之外,张新和 Petering 等间接地用一定数量的列车通过区段的最小时间来表征运输能力。Burdett 认为路网中不同运行径路的列车不等价,不能将各运行径路的列车数量简单求和,而应采用不同运行径路列车的数量组合表征路网的运输能力。

由以上分析可知,中文文献和外文文献中,铁路运输能力概念的共同点是:均在探讨一定资源约束下铁路运输系统的最大产出。然而,中文文献根据考虑的设备资源不同将铁路运输能力分为通过能力和输送能力,而外文文献阐述的铁路运输能力仅指通过能力,几乎没有将活动设备资源纳入铁路运输能力的研究范畴。另外,由于运营环境、运输需求、研究目标等不同,不同国家对铁路运输能力研究有所侧重,导致世界范围内对铁路运输能力的定义并不一致,而铁路运输能力定义的多样性、模糊性为铁路运输能力计算的研究带来一定的挑战,以下研究将对此进行具体分析。

既有研究普遍认为铁路运输能力的影响因素可以分为两类,即技术条件因素和运输组织因素。Abril 等认为铁路运输能力的影响因素包括固定设施(信号系统、线路数量和拓扑、车站分布、线路限速)、交通特征(混合交通特征、运行图的规律性、列车运行高峰、列车等级)、运营特征(天窗、列车停站时间、列车最大旅行时间限制、列车运行时间窗、服务水平、稳健性和可靠性要求等)三方面。Vieira 等认为铁路运输能力的影响因素包括信号系统、缓冲时间、最低运行速度约束、停站方案、列车延误时间。针对我国高速铁路的分析认为,中、高速列车比例,跨线列车比例,中间站停站,垂直天窗形成的无效三角区等因素会影响高速铁路的通过能力。

国际铁路联盟(法语 Union Internationale des Chemins de Fer,UIC)在关于铁路运输能力的 UIC CODE 406 手册中指出,铁路运输能力还受到运行图质量指标要求的影响,因而在分析铁路运输能力时,需要同时考虑列车数量与列车旅行速度,列车运行图的异质性、稳健性等服务水平指标的关系,即铁路运输能力利用平衡关系(capacity balance)。类似地,鞠浩然等以时段偏好、服务频率、可恢复性表征城际铁路的服务水平,并研究其与通过能力之间的关系,指出通过能力随服务水平的提升而降低。张星臣等研究了铁路运输能力储备问题,将储备能力定义为系统所具有的完成给定运输任务所必备的最小日常使用能力以外的附加能力,并就此展开储备能力分配模式的研究。郑亚晶等在车流径路层面研究了铁路运输能力的可靠性。

1.4.2 铁路通过能力计算方法研究

铁路通过能力计算方法不是"放之四海而皆准"的,需要根据可获取的基础数据、计算工具条件、计算精度要求选取不同的计算方法。各类铁路通过能力计算方法都是试图对铁路运输系统的组分和运作方式进行或简单或复杂的建模,以描述铁路运输系统的运作规律,分析铁路运输系统的资源投入与产品产出的定量关系。根据基本原理,铁路通过能力的计算方法可以分为基于占用时间分析的通过能力计算方法与基于运行图的通过能力计算方法。

1) 基于占用时间分析的通过能力计算方法

基于占用时间分析的通过能力计算方法是在已知或可以估计得到每项作业对设备占用时间的基础上,利用简单的数学公式计算在一定时间范围内最多能够通过的列车数量。该方法以相对简单的数学函数作为"灰箱"对铁路运输系统建模,来近似描述铁路运输系统的资源投入与产品产出的定量关系。这类能力计算的数学函数中存在一系列取决于运营特征的未知参数,其取值的合理性直接影响通过能力计算的准确性。

国际铁路联盟在关于通过能力计算的 UIC CODE 405 手册中提出以下能力计算公式:

$$L = \frac{T}{t_{\mathrm{fm}} + t_{\mathrm{r}} + t_{\mathrm{zu}}} \tag{1-1}$$

式中:L——区间通过能力;

T——通过能力计算的时间范围;

t_{fm}——平均最小列车间隔时间;

t_r——列车间的缓冲时间;

t_{zu}——附加时间。

式(1-1)表明,区间的通过能力取决于由列车间隔时间、缓冲时间和附加时间构成的占用时间,根据该公式可以计算得到一定时间范围内最多能够通过的列车数量。该公式体现了基于占用时间分析的通过能力计算方法的基本原理,各类具体方法的研究重点在于式(1-1)中各项占用时间参数取值。基于式(1-1)的能力计算研究考虑线路条件、信号系统、机车、车辆等设备因素和列车比例、列车停站、运行图结构等运输组织因素,以准确标定列车的平均最小间隔时间。

与之类似,车站咽喉通过能力计算的利用率法通过引入"空费系数",改进能力计算公式如下:

$$K = \frac{T - \sum t_G}{(1-\gamma)(1440 - \sum t_G)} \quad (1-2)$$

式中:K——咽喉道岔组的利用率;

$\sum t_G$——固定作业时间;

γ——空费系数。

式(1-2)为了体现未被利用且客观上无法被利用的时间,引入空费系数 γ 以修正利用率计算结果。在实际应用中,各种车站的布置图、信号设备和列车运行计划不同,导致空费系数差异很大。

以上能力计算公式直观易行,所需的计算参数较少,在早期缺乏高性能计算工具时被广泛利用。但是,能力计算公式中的计算参数取决于各种复杂因素,因时、因地而异,难以精确测定,因而这些计算公式常常被用于铁路通过能力的粗略测算,作为铁路线路规划和运营组织的参考依据。为了更加方便、准确地确定各项作业的占用时间,国内外学者基于以上原理对计算方法加以改进,以期得到更加准确的计算结果,比较常见的方法有扣除系数法、基于列车间隔时间统计规律的分析法(如最小平均间隔时间法、直接计算法)、排队论法等。

(1) 扣除系数法。

扣除系数法假定运行图上的某种列车(基本列车)占据绝对的数量优势,其他种类列车的占用时间与基本列车的占用时间存在恒定的倍数关系,基于此确定非平行运行图中各类列车的占用时间。扣除系数法从苏联引入我国后,通过1973年

第1章 铁路运输能力概述

公布实施的《铁路区间通过能力计算办法》〔(84)铁运字664号〕推广应用,1984年修订后沿用至今。作为我国铁路通过能力计算的标准,扣除系数法在很长一段时间内是我国铁路通过能力计算的主要方法,其计算原理、适用场景、参数标定等问题一直受到广泛的关注。

经典的扣除系数法以普通货物列车为基本列车,形成运行图的大致结构框架,以铺画一列旅客列车、快速货物列车、摘挂列车等其他种类列车时损失的普通货物列车数量为扣除系数的确定依据。国内学者利用扣除系数法研究各类因素对铁路通过能力的影响。例如,信号系统制式(自动闭塞、半自动闭塞)、线路结构(道岔型号、区间正线数量、站间距,以及双线铁路组织反向行车、利用区间渡线组织列车越行等特殊行车作业)、列车速度、牵引供电设施等技术条件因素,以及客货列车比例、快速列车数量、天窗设置(V形天窗、矩形天窗、不规则形状天窗)、高原铁路列车交会方式等运输组织因素。随着我国铁路干线旅客列车的开行比例不断增加,旅客列车运行图采用连发、追踪等集中铺画方式愈发普遍。在集中铺画方式下,扣除系数的计算需要考虑旅客列车运行线之间的干涉作用。为此,李洪波考虑将一组连发(追踪)的旅客列车看作一列旅客列车参与扣除系数的计算,得到不同追踪列车数量下的扣除系数计算公式;徐意等研究以客运为主的单线铁路的扣除系数法,将运行图中占绝对多数的旅客列车看作基本列车,计算货物列车的扣除系数。

随着高速铁路的规划和建设提上日程,从20世纪90年代起,关于高速铁路通过能力的研究逐渐兴起,很多学者基于高速铁路的运营特点,对扣除系数法进行改进,以计算高速铁路的通过能力。胡思继等为适应高速铁路的运营特点,提出高速铁路"客流区段"的概念,根据客流区段沿途车站的停车比例,计算在不同高、中速列车比例和不同停站数量组合方案条件下,客流区段的高速列车扣除系数。高速铁路的运行图结构与普速铁路存在较大的差异,应用扣除系数法计算通过能力需要解决基本列车选取、运行图结构确定、运行图周期计算等基本问题。其中,运行图结构确定是极关键的。采用高、中速混跑模式的高速铁路,列车运行存在速差,运行图结构取决于中、高速列车比例,停站组合,列车越行安排等因素,需要基于这些因素分类讨论可能形成的运行图结构,分别确定扣除系数。在纯高速模式下,虽然列车的技术速度差别不大,但由于停站方案不同,列车在区间的运行时分存在差异(高速列车的起、停车附加时分往往较长),导致运行图结构比较复杂且缺乏规律性。不同停站方案的列车交替开行,形成复杂的运行图结构(如成组铺画和均衡铺画、无越行和有越行),因而不能简单地根据列车种类给定扣除系数,需要分析具体列车运行图结构给出。因此,大量的研究均着眼于分析列车运行图结构的多样性，针对复杂的运行图结构给出对应的扣除系数计算公式。例如，梁栋等着重分析非基本列车连发、高速列车无越行停站、低速列车有越行停站等运行图结构的扣除系数。倪少权等分析高速铁路越行站分布对通过能力的影响，定义"越行组"作为运行图结构的最小单元，计算得到中速列车扣除系数与列车间隔、越行组数量、中速列车数量的函数关系。

类似于扣除系数法，Lai 等提出一种等价列车计算方法，首先计算各种场景下的列车等效系数(base train equivalent)，然后计算在特定场景下允许通过的最大标准列车数量，以解决多种列车混合运行下的通过能力计算问题。

扣除系数用于表征列车运行图上混合交通流对通过能力的影响，其应用场景需要满足基本假设，即某种特定类型的列车与基本列车在设备占用时间上的代偿关系是已知且固定不变的。这种假设只有在以下条件均成立时才基本符合实际情况：①列车运行图大致符合平行运行图的框架结构，即列车运行图符合高度同质的"秩序"；②非基本列车的数量远小于基本列车，即有明确的"秩序维持者"和"秩序破坏者"；③非基本列车之间的关联性很低，非基本列车之间的干涉作用(如非基本列车追踪运行)不显著，即"秩序破坏者"对"秩序"的"破坏作用"大致相当。当运行图结构特征比较复杂，不符合以上条件时，需要逐一确定不同运行图结构的扣除系数。对于高速铁路而言，其列车停站方案很多、运行图结构复杂，难以提取具有典型特征的运行图结构以确定各类列车的扣除系数。因此，采用扣除系数法计算高速铁路通过能力的研究陷入了繁重的运行图结构枚举、分类、分析计算的困境中。张守帅等分析扣除系数法的原理和适用条件，总结扣除系数法的三个基本假设，认为高速铁路不满足扣除系数法的计算前提，指出扣除系数法不适用于高速铁路的通过能力计算。

(2)基于列车间隔时间统计规律的分析法。

扣除系数法的应用条件较为严苛，逐渐不再适应我国铁路的运营现状。为了克服扣除系数法的缺点，我国学者相继提出了基于列车间隔时间统计规律的分析法。胡思继等借鉴欧洲铁路运输能力计算的经验，提出最小平均间隔时间法，在分析计算法的原理下，以"列车组"为单位计算列车的最小平均间隔时间。同时，考虑运行图的稳健性对通过能力的影响，引入连带延误参数。相比扣除系数法，该方法对高速铁路运行图结构的适应性更强，因而多被用于高速铁路的通过能力计算。列车的最小平均间隔时间和必要缓冲时间是最小平均间隔时间法的关键参数。最小平均间隔时间可以用既有运行图统计分析得到，也可以使用概率统计的方法，先确定列车组类型的比例，再加权平均计算不同列车组的间隔时间得到。例如，赵东

第1章　铁路运输能力概述

等根据列车组比例确定最小平均间隔时间,计算高速铁路客流区段通过能力。必要缓冲时间与列车晚点传播密切相关,一般通过概率统计的方法确定。例如,曲思源等利用负指数分布模型确定必要缓冲时间,计算城际铁路高峰时段通过能力。武旭等采用列车晚点传播理论公式计算必要缓冲时间,分析无越行条件下高速列车停站组合的差别对通过能力的影响。

类似于最小平均间隔时间法,朱家荷等提出直接计算法,通过统计分析既有运行图中不同种类列车数量的比例和连发列车的比例,计算列车的平均间隔时间,从而计算得到区段最大通过列车数量。该方法的关键步骤是确定列车连发形成列车组的种类及对应的间隔时间。

基于列车间隔时间统计规律的分析法利用列车组体现不同种类列车的组合而产生的混合交通流,通过统计不同种类列车组的出现概率,以确定平均列车间隔时间的值。这种方法将运行图结构进一步抽象为列车最小平均间隔时间参数,从而可以避免扣除系数法对运行图结构的依赖,更加准确地描述了混合交通流,但这种方法很难准确地分析由于运行线不能致密铺画而产生的能力空费,导致铁路通过能力的系统性与时空关联性缺失。另外,该方法假设列车组比例、列车连发比例等计算参数始终是一定的,在列车数量较多、运行线密集铺画时很难成立。同时,计算公式中的冗余时间取值缺乏相关的研究支持。

(3)排队论法。

铁路运输系统是一个"有控随机"的系统,列车占用设备的开始时刻和延续时间可能受到随机因素干扰,存在一定的不确定性。排队论法为了描述设备占用时间的随机性,将铁路的各类通过设施看作"服务台",将列车看作按照一定的分布随机到达的"排队者",基于概率分布模型描述列车"到达—作业(运行)—离开"的随机过程,计算列车的总延误时间、最大排队长度及其他相关参数,进而计算在一定时间内最多能够通过的列车数量。

Weik等为了解决在规划阶段铁路基础设施数据缺失条件下的能力分析问题,利用一个单服务台的排队系统模型计算平均晚点时间,用于分析最多能够通过的列车数量和服务水平(晚点)的关系。Wendler基于列车占用时间模型,利用半马尔可夫排队模型预测列车等待时间,以此计算在给定时间范围内最多可以通过的列车数量。Huisman等利用一个排队网络模型研究车站能力,将列车在车站的到达、出发过程看作随机过程,得到设备的占用时间及列车的平均等待时间,以此推测车站的通过能力。Yuan等利用排队论分析车站连带晚点的严重程度与通过能力的关系,以研究列车数量与运行图可靠性、列车准点率的关系。徐瑞华利用大系统理论将铁路运输系统描述为一个抽象的串联系统,建立车流状态平衡方程以描述车流在铁路系统中的运转,以此说明通过能力损失是在作业组织延误、设备故障及其他外界因素的影响下产生的。赵钢等使用泊松分布描述偶然因素影响下的时间损失,计算一定服务水平下通过能力兑现的概率。

综上所述,排队论法可以在运输组织方案未定的条件下,大致估算结构简单的设备的通过能力,但排队论法的模型将列车的到达看作服从某种分布的随机事件,忽略了铁路交通流的强可控特性,难以准确描述各类复杂运输组织因素对通过能力的影响。除此之外,利用同一种随机分布描述列车的到达规律不具有普适性,而使用不同的随机分布,需要重新推算排队论模型和确定模型参数,不利于直观理解和分析,也不利于将特定的模型迁移至更广泛的应用场景。

以上基于占用时间分析的通过能力计算方法均采用数学公式计算,过程简单易行。但是,计算公式中存在一个或多个需要标定的参数(如扣除系数、最小平均间隔时间、概率分布公式的参数等),需要有大量的数据作为依据。使用分析计算法多有比较严苛的前提条件,在实际应用中如果忽略这些前提条件而盲目套用计算公式,很容易得到具有误导性的通过能力计算结果。此外,此类方法仅利用多种因素叠加而成的参数表示通过能力的影响因素,难以揭示能力利用规律,不利于指导改进能力利用的方案。

2)基于运行图的通过能力计算方法

基于运行图的通过能力计算方法通过编制、调整、模拟具体的列车运行图计算铁路通过能力。该方法以具体的列车运行过程作为"白箱"对铁路运输系统建模,通过描述具体的列车运行过程,计算铁路运输系统资源投入与产品产出的定量关系。通过该方法计算得到的通过能力解释性较好。随着计算机运算速度的提升以及铁路运输计划优化模型和算法的发展,该类方法越来越受到重视。基于运行图的通过能力计算方法大致可以分为运行图压缩法、图解法和仿真法。

(1)运行图压缩法。

运行图压缩法是国际铁路联盟编制的能力手册(UIC CODE 406)中推荐的通过能力计算方法,其基本思想是:保持列车在各区间的运行顺序不变,以列车运行线的时间间隔为约束条件,将运行图中一定范围内的所有运行线沿着时间轴向原点方向平移压缩,直至没有运行线可以被平移为止。通过这种方法可以得到一个被"压缩"过的运行图,据此可以计算以上所有列车通过该区间的最小时间,进而计算该区间的能力利用率。该最小时间考虑了该运行图结构下的空费时间,因而能够比较客观地反映当前运行图结构的能力利用情况。这种方法解决问题的思路清晰,容易通过计算机实现,结果比较直观,可以较为准确地评价铁路通过能力利用状况,因而在欧洲的铁路运输研究领域应用广泛。我国也有部分学者借鉴以上思路,将运行图压缩法应用在我国高速铁路通过能力的计算中。

根据运行线时间间隔的约束方法,运行图压缩法可具体细分为以下两种。

①以闭塞分区占用状态为约束。典型的方法是 UIC 406 法。这种方法以列车占用设备时间范围的锁闭时间理论为依据,确定列车运行线在运行图上的最小时间间隔。

②以车站间隔时间为约束。典型的方法是能力利用率(capacity utilization index,CUI)法。这种方法以列车在车站的出发、到达等间隔时间为约束,确定列车运行线在运行图上的最小时间间隔。该方法在英国铁路的运输能力计算中比较常用。

以上两种方法除了运行线时间间隔约束的精度不同,在基本理论和实现方法上差异不大。

Landex 等采用运行图压缩的思想计算运输能力利用率,是运行图压缩法的早期实践案例。Bešinović 等总结了运行图压缩法求解铁路实际通过能力的原理,提出了一种用于压缩列车运行图的极大加代数自动机(max-plus automata)算法。Goverde 等使用 ROMA 列车运行图仿真系统,基于可替代图(alternative graph)压缩运行图,计算荷兰铁路列车运行控制系统的通过能力。Jamili 在压缩运行图时考虑了必要的缓冲时间,计算在给定的运行图稳健性条件下的通过能力。Jensen 等提出了一个能力分析框架,在给定备选列车的条件下,通过随机生成列车运行顺序,或利用分支定界策略和禁忌搜索策略生成列车运行顺序的方法生成多个运行图,利用运行图压缩法计算能力利用率。这种方法使运行图压缩法脱离了某单一运行图结构的束缚,通过能力计算的结果能够在某种程度上反映不同铺图策略对通过能力的影响。Abril 等介绍了一个用于综合分析铁路通过能力的 MOM 计算机系统,该系统集成了分析计算法、运行图压缩法、运行图加密法等能力计算模块,可以用于分析通过能力与列车速度、异质性、服务水平、可靠性、稳健性等指标的关系。

在我国,李晓娟等、张嘉敏等介绍了运行图压缩法的基本思想。其中,张嘉敏等指出该方法仅适用于计算线路区间的通过能力,而不适用于整个铁路网或铁路全线,需要将铁路网或线路划分为线路区间。Zhang 等分析了中国列车运行控制系统(CTCS)与欧洲列车运行控制系统(ETCS)的相似性,借鉴运行图压缩法,分别提出中国高速铁路车站和线路通过能力计算的框架。刘敏等利用数学优化模型实现列车运行顺序不变与可变条件下的运行图压缩,计算车站的能力利用率。王高磊等在采用运行图压缩法时,约束跨线列车运行时刻不变,在压缩后的运行图后方插入运行线以加密运行图。张伦等基于给定的车站作业计划和列车进路排列方案,利用运行图压缩法计算京津城际铁路通过能力。

  运行图压缩法依赖计算机程序实现,但目前大部分可实现运行图压缩法的商业软件(如 OpenTrack、RailSys)都是基于欧洲铁路信号系统和规范设计的,采用的基础数据与我国不完全相同,因而直接应用于我国铁路的通过能力计算存在一定的难度,而我国自主开发的运行图压缩软件的通用性尚待验证。

  运行图压缩法可以比较准确地计算某一特定结构列车运行图的通过能力利用率,特别是可以准确地表征因冗余时间设置、运行图结构限制、列车速差、中间站停站等因素导致的无效能力,对判别当前运行图(及车站作业计划)的通过能力利用状况、分析通过能力瓶颈等具有指导意义。但是,运行图压缩法也存在以下缺陷,在应用时存在一定的局限性。

  ①运行图压缩法需要以给定结构的运行图作为输入,因而采用此方法计算得到的通过能力结果只对应于特定的运行图结构。当运行图结构发生改变后,该方法计算得到的通过能力值将不再适用。部分研究为了克服此缺陷,将运行图压缩法嵌入一个运行图结构生成的框架中,生成多张结构不同的运行图,分别对这些运行图进行压缩,以得到更具代表性、更全面的区段能力的结果。

  ②运行图压缩法能直接给出的是能力利用率,需要通过再次换算才能得到一定时间范围内最多可以开行的列车数量。欧洲铁路能力计算研究以评估运行图质量为目的,通过运行图压缩法计算得到的能力利用率具有比较显著的分析价值;而我国能力计算研究以能力的充分利用为目的,计算得到特定运行图的能力利用率不足以支撑此目标。如果将能力利用率换算为列车数,相当于对原有的运行图结构进行"等比缩放",隐含了运行图结构在"缩放"过程中不发生改变这一假设。但是,向既有运行图中加入列车数很可能改变列车运行图结构,因而实际最大开行列车数与通过能力利用率换算得到的值存在一定差距。为此,王高磊等对该方法进行了改进,将运行图压缩法与运行线加密法结合,通过"压缩-加密"的迭代计算,铺画得到满表运行图以计算最大列车数。但是,这样铺画得到的运行图结构很可能不符合运营实际,导致最大列车数量的测算结果失真,难以为运行图铺画提供直观的指导。

  ③UIC CODE 406 手册明确指出,在计算铁路通过能力时,应先将路网划分为区段,再按区段分别压缩列车运行图以计算通过能力,而这会导致跨区段的运行线

被切割,失去时间上的连续性,使能力计算结果失真。

(2)图解法。

图解法是通过模拟铺画满表列车运行图测算铁路通过能力的方法。该方法通过铺画满足各类约束的"饱和"列车运行图,以此运行图上铺画的列车运行线数量作为通过能力的计算结果。根据运行图的生成方法不同,图解法可以分为人工图解法、模拟图解法和优化图解法三类。

张玲在研究图解法时,提出了"满表运行图"和"最大运行图"的概念,还提出了"有约束条件的通过能力"和"无约束条件的通过能力",指出通过能力的计算需要考虑旅行速度约束,并根据运行图铺画的人工经验,提出了铺画"最大运行图"的策略。郭富娥利用计算机程序,通过建立树搜索剪枝算法寻找各区间的最优会车方式及区间会车方式的最优衔接方案,计算单线运行图周期,进而计算铁路区间通过能力。在图解法提出初期,由于计算机运算能力的限制,通过图解法直接计算全线、全天的通过能力存在困难,因而图解法通常用于铺画具有典型结构的小规模列车运行图,以及标定相关运行图结构下列车的扣除系数,较少用于直接求解通过能力。杨肇夏等通过铺画区段最大列车运行图,以确定自动闭塞区段各种列车扣除系数,考虑计算机运算能力的限制,提出了人机交互工作流程,利用计算机铺画货物列车运行图和旅客列车的轮廓方案,再由人工调整旅客列车的待避、到发时刻。

列车运行图的编制是图解法的实施手段,因而图解法的发展很大程度上受到列车运行图优化模型与算法发展的影响。近年来,随着计算机运算能力的提升和大规模列车运行图优化算法的发展,图解法可以被直接用于铁路通过能力计算问题中。同时,关于列车运行计划一体化优化模型与算法(如列车运行图与列车开行方案、车站作业计划、动车组运用计划)的发展深刻地影响了基于优化图解法的铁路运输能力研究。优化图解法以列车运行计划一体化优化方法为基础,将各类复杂的铁路运输能力影响因素作为约束条件,构建考虑不同条件的铁路运输能力计算模型,增加了可扩展性。孙琦等根据V形天窗位置,识别受影响的列车运行线,在移除这些运行线后,再通过插入标准运行线补充天窗与原有列车之间的空隙,以计算受天窗影响的通过能力。李海鹰等利用混合整数规划模型和时间-空间滚动方法求解满表运行图,计算高速铁路开通后既有线的释放能力。路超等利用离散时空网将满表运行图铺画问题描述为求解时空路径的最大独立集问题,设计了基于D-W分解的列生成算法。褚文君利用遗传算法求解基于析取图(disjunctive graph)的运行图优化模型,利用加、减列车数量迭代的方法铺画满表运行图,利用帕累托最优前沿表征三种不同类型列车在能力利用上的替代关系。

外文文献通常将图解法称为饱和运行图铺画（timetable saturation）。Pellegrini 介绍了满表列车运行图铺画算法及软件 RECIFE-SAT，利用混合整数规划模型对运行图进行插线加密，分析旅客列车和货物列车的比例对通过能力的影响。Kim 等提出基于列车运行图优化的混合整数规划模型，利用遗传算法求解，该模型采用了列车数量最多、总运行时间最短、运行线始发时刻与最佳始发时刻偏移最小三个优先级依次递减的目标。Yaghini 等提出了基于时空网络的数学模型及其相关的分支定界算法以求解满表运行图，并用以上方法分析不同种类列车混跑对通过能力的影响。Li 等提出了基于单线铁路运行图的 0-1 规划能力计算模型和基于运行图结构的启发式算法求解，用于分析上、下行列车的均衡性、延误水平与能力的关系。Putallaz 等提出了 CAPRES 模型，按照一定的策略在运行图的空隙中插入运行线，直至获得满表运行图；提出 FASTA 模型（包含确定性模型和随机模型），以仿真验证运行图的可行性。de Kort 等基于极大加代数（max-plus algebra）原理，提出随机能力计算模型，考虑了列车运行时间的随机性，严格按列车出发时间窗铺画列车运行图以计算通过能力。Zhang 提出了基于运行图的多目标优化模型，将运行时间最短、异质性、可靠性最大作为能力计算的目标。Reinhardt 等利用粗粒度（1h）的时空网络求解满表运行图，利用此方法研究费用最小的通过能力加强策略。Petering 等提出求解列车运行图与车站股道分配计划的一体化混合整数规划模型，求解所有备选列车通过区段的最小时间，以该时间跨度表征通过能力。类似地，Zhang 等以最小化周期运行图的周期时间为目标，构建基于周期运行图的通过能力计算模型。

优化图解法的部分求解策略如表 1-3 所示。

优化图解法的部分求解策略 表 1-3

文献作者	研究对象	模型形式	目标函数	求解算法或软件	能力约束形式
郭富娥	列车运行图周期	—	运行图周期最短	树搜索剪枝算法	车站间隔
徐瑞华等	列车运行图	—	运行线最多	有控随机搜索算法	列车间隔
李海鹰等	列车运行图	混合整数规划	总运行时间最短	压力测试算法	追踪间隔

续上表

文献作者	研究对象	模型形式	目标函数	求解算法或软件	能力约束形式
路超 等	列车运行图	0-1规划(离散时空网)	列车数量最多、总旅行时间最短	列生成算法	追踪间隔
褚文君	列车运行图	析取图	不同种类总旅行时间最短(多目标)	加减列车数量迭代算法+遗传算法	追踪间隔
Pellegrini	列车运行图	混合整数规划	客、货列车数量最多	RECIFE-SAT	设备占用间隔
Kim 等	列车运行图	混合整数非线性规划	列车数量最多,始发偏移时刻最小、总运行时间最短	遗传算法	车站、追踪间隔
Petering 等	列车运行图、股道分配	混合整数规划	运行图周期、总旅行时间最短	CPLEX	追踪间隔、股道占用间隔
Zhang 等	列车运行图	混合整数规划	运行图周期最短	启发式试探算法+CPLEX	追踪间隔
Reinhardt 等	列车运行图	0-1规划(基于时空路径)	列车运行费用最小	CPLEX	时空路径冲突
Yaghini 等	列车运行图	0-1规划(基于时空弧)	列车数量最多	分支定界算法	弧冲突
Li 等	列车运行图	0-1规划	列车数量最大	基于运行图结构分析的启发式算法	车站间隔
de Kort 等	列车运行图	极大加代数	所有列车的完成时间最短	极大加代数运算算法	列车运行间隔
Zhang 等	列车运行图	多目标线性规划	异质性、运行时间最短、可靠性最大	进化算法+滚动优化算法	追踪间隔

图解法的最大优点是"所得即可行",可以在计算通过能力的同时给出对应的列车运行图(或其他更精确的列车运行计划)加以佐证,也可以给出特定能力下的各项运行图指标,便于综合评价能力利用的效率与质量,具有较好的可解释性,可以更好地支撑运营决策,也便于运营人员及时指出能力计算方法存在的缺陷和问题。在计算条件方面,图解法针对列车的具体运行过程进行建模,模型中的参数均为具体的技术参数(如列车的区间运行时分、追踪间隔时间),不需要提前标定抽象的计算参数。在可扩展性方面,图解法可以针对不同场景的要求,灵活设计约束条件,可扩展性强。但是,图解法需要开发相应的计算机系统,对操作人员的要求较高;需要输入较多的基础数据,计算耗时较长,计算精度依赖于运行图优化算法的效率和可靠性。

(3)仿真法。

仿真法是一种加强的图解法。一般的铁路列车运行仿真是在给定的列车运行图的基础上,对列车运行过程进行状态推演,以仿真运行图的执行过程。通过对结果的分析,可以进一步了解运行图的特性以及运输资源的运用情况,以辅助列车运行图的进一步调整,进而得到满表运行图,实现通过能力计算的目的。复杂的列车运行仿真需要构建离散事件仿真模型。专业铁路软件开发公司研制的列车运行仿真商业软件可以方便地对通过能力进行仿真研究。例如,美国的 RTC(rail traffic control)可以用于宏观的运行图仿真;瑞士的 OpenTrack、德国的 RailSys 可以用于微观的列车运行过程仿真。为了综合宏观和微观仿真的优点,Pouryousef 等提出宏观和微观一体化的仿真框架,利用 RTC 进行宏观仿真,生成运行图后,再利用 RailSys 对运行图进行微观仿真,以验证运行图的可行性。

除此之外,其他研究人员开发了研究目的不同的仿真工具用于通过能力计算。Vieira 等利用离散事件系统仿真程序,引入启发式算法为列车分配路径,分析列车出发频率(每小时始发列车数量)与总能力、效率(总能力与出发频率的比值)之间的关系。Hansen 回顾了斯图加特中央火车站改造实例中使用的能力分析方法,包括微观运行图仿真、股道占用时间分析及运营质量分析。Iliasov 等介绍了铁路信号仿真平台 SafeCap 中的能力计算功能,包括理论能力计算、关键区间识别、无用能力计算等,以验证运行图的可行性。

与图解法相比,仿真法可以方便地分析图解法不便处理的影响因素,如随机扰动(大客流、恶劣天气、设备故障造成的延误)、微观作业环节(信号系统的信息传输延迟、道岔转换)、高度非线性的作业环节(列车动力学、旅客乘降),以验证列车运行计划的可行性。仿真法计算通过能力的精确程度取决于仿真模型的粒度。在同等粒度下,相比优化图解法构建的数学优化模型,仿真模型的求解难度更低,因而仿真法经常被用于研究计算量很大的微观影响因素(如列车动力学、车站联锁设备作业环节)对通过能力的影响。但是,仿真法需要准确标定的仿真参数较多,准备工作量很大,且依赖于给定的仿真方案(即给定的列车运行计划)。全面地研究各类列车运行计划的能力利用情况,需要将仿真法与图解法结合,构建"运行图生成+仿真验证"闭环的能力分析系统进行大量的仿真实验,耗费时间较长。

采用基于运行图的通过能力计算方法对具体的列车运行过程建模,可以比较准确地描述列车的运行过程,计算得到的结果可以通过列车运行图的形式呈现,可解释性强,也便于指导实际列车运行图的铺画。但是,基于运行图的通过能力计算方法通常需要准备大量详尽的数据,在铁路系统规划、设计等阶段缺乏具体数据的情况下,这种方法的应用存在一定难度。同时,实现基于运行图的能力计算方法,还需要开发计算机程序,成本较高,不利于大范围推广应用。随着计算机运算能力的不断提升,通过能力的求解算法和计算机程序也将不断完善,基于运行图的通过能力计算方法是将来的发展趋势。

1.4.3 铁路输送能力计算方法研究

相比通过能力,铁路输送能力的研究相对较少。孙晚华指出,活动设备资源的流动使用特性导致一定范围内的活动设备数量是随时变化的,因而输送能力的计算非常困难,几乎不能准确确定,一般的铁路运输能力计算都是指铁路通过能力的计算。实际铁路输送能力一般采用现行《铁路线路设计规范》(TB 10098—2017)中的输送能力公式或《铁路区间通过能力计算办法》中的输送能力公式计算。

由于重载铁路的设计、运营均比较关注线路能完成的货物发送量,在研究重载铁路的运输能力时,往往会计算线路的输送能力,如大准铁路、大秦铁路、神华铁路等。为了考虑线路上列车载重差异,常培清指出,在计算大量空车列运行线路的输送能力时,应考虑扣除空车方向的空车列的能力;杨振虹研究在不同牵引质量列车混跑条件下,按照列车数量、列车比例和运量比例分别确定输送能力。

一直以来关于输送能力的计算方法存在较大的争议。周永富等批判性地讨论了输送能力的计量单位、计算方法存在的问题。以上关于输送能力的研究,均是在通过能力计算结果的基础上,按列车平均载重直接换算得到的,较少考虑机车、车辆等活动设备的数量、周转等因素,因而计算得到的输送能力难以全面、准确地反映活动设备资源的数量、配置的影响,只能用于粗略估算较长一段时间内(如按年计算)线路的输送能力,难以体现活动设备数量阶段性不足或周转不均衡等情况下的输送能力。

1.4.4 铁路运输能力计算的关键问题

铁路运输能力受到多种因素的共同影响,在这些因素的作用下,铁路运输能力在表征、建模、计算和应用等方面均存在大量的问题需要深入研究。由于铁路运输能力的影响因素纷繁复杂,既有研究多对部分影响因素进行简化处理,使研究聚焦于关键因素。但是,随着铁路运输需求和供给的形势发生变化,部分曾被忽略的因素对运输能力的影响越来越显著,有必要对其进行充分、深入的探讨。根据当前铁路运输能力计算的实际需要,本书认为以下几个关键问题在铁路运输能力计算这一研究领域愈发重要,应展开充分探讨。

1)铁路资源均衡使用期望与运输需求不均衡特征的矛盾

传统铁路运输能力计算往往只注重"量"的最大化,由此计算得到的"运输能力"不一定符合实际行车组织要求。图1-8比较了面向需求的运行图和面向生产的运行图的差异。面向需求的运行图是针对可能的需求安排生产计划,其运行线是疏密不均的,高峰时段能力紧张,低峰时段能力富余,且低峰时段的能力不能划拨至高峰时段使用。面向生产的运行图忽略需求的不均衡性,仅从资源利用最大化的角度安排生产计划,列车运行线以紧密的结构排列,以实现最大的通过能力。运输能力如果使用面向生产的运行图中的列车数量表征,会与需求存在错位,与实际可以完成的运输产出不完全相符。

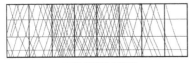
a) 面向需求的运行图

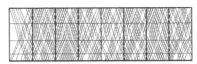
b) 面向生产的运行图

图1-8 面向需求与面向生产的运行图

以上问题是铁路资源均衡使用期望与运输需求不均衡特征的矛盾导致的。"资源均衡使用期望"指的是从能力利用的观点出发,设备的均衡利用有助于充分发挥其运输能力。在时间上,固定设备资源要实现其通过能力的充分利用,则需要尽可能地将作业均匀地安排在一昼夜的各个时间段,实现设备在时间上的均衡利用,即要求设备的利用在时间上尽可能均衡,避免设备闲忙不均导致的能力浪费。在空间上,列车在铁路网上运行通常会选择最短径路以提升运输效率,但是在繁忙路网上,列车最短径路的能力可能非常紧张,需要采取迂回等方式实现能力在空间上的均衡利用,以充分利用铁路网的运输能力。而"运输需求不均衡特征"指铁路运输需求在时间和空间上往往是不均衡的。在时间上,需求存在接受运输服务时段的偏好,如旅客集中在早、晚高峰期乘车,货物存在最佳的发运和收货时间窗等;在空间上,往往希望通过最短径路运输以减小运输成本,加快运输速度。这种不均衡性导致无法按均衡的方式利用资源,使实际可以实现的运输能力与理论能力存在差距。

归根结底,铁路运输能力是铁路运输系统满足运输需求的能力。运输能力计算和利用的目的不是教条的"不惜代价地利用(开行列车或运输旅客货物)以最大限度地耗尽运输资源",而是"充分、合理地利用运输资源以完成尽可能多的运输任务,满足尽可能多的运输需求"。因此,在运输能力计算中,需要寻找"资源使用均衡"与"需求不均衡"的平衡点,使运输能力既能实现资源的充分利用,又能实现对运输需求的最大满足。

在运输能力非常紧张的情况下,需求的不均衡特征会受到抑制,此时铁路运输企业往往从设备利用最大化的角度分析和计算运输能力,以充分利用极为宝贵的运输能力。在此运输资源"供不应求"的条件下,运输需求为了争取获得非常稀缺的基本运输服务(即位移),对运输质量(如时效性)做部分妥协,运输需求的不均衡性受到抑制。因此,运输企业可以通过"削峰填谷"的方式使资源使用变得均衡,以满足尽可能多的运输需求。例如,先铺画旅客列车再考虑让货物列车"见缝插针",部分旅客列车在午夜到发等。但是,旅客和货物对运输效率与质量提出了越来越高的要求,铁路运输组织的指导思想从面向生产到面向需求过渡,运输资源均衡使用期望与运输需求不均衡特征的矛盾日益突出。除此之外,由于综合运输体系的不断完善,旅客、货主可以灵活地选择不同的运输方式、不同的运输服务提供商,铁路面临与航空、公路等运输方式的激烈竞争,需求得不到满足的部分客流和货流会发生流失,影响铁路运输市场份额和收益,因而运输需求的不均衡性越来越难以被抑制。

此外,运输需求中关于质量的要求对运输能力的实现有一定的影响。在描述铁路运输能力所采用的"一昼夜最多可以运行的列车数"表述中,运输需求是被高度简化的,即将运输需求简单地等价于列车数量,运输需求更高层次的属性(如时间偏好、OD结构、质量偏好)均被忽略。在以往能力紧张的条件下,不考虑时间的不均衡性(假设需求强依赖于运行图),也不考虑空间的不均衡性(假设断面流量均达到饱和)的运输能力计算与实际运营比较吻合,有较强的实际意义。但是,随着全社会对铁路运输质量的要求逐步提高,更高层次的运输需求属性需要作为运输能力的影响因素加以考量。如何在满足质量要求的前提下,计算得到更加符合实际情况的运输能力,是需要深入研究的问题。

2) 铁路运输资源一般性与特殊性的矛盾

从运输资源的角度看,铁路运输能力的主要限制因素是部分紧缺的资源,线路、信号等固定设备资源在较长一段时期被认为是紧缺资源,是运输能力计算的主要关注对象。但是,随着铁路运输供给和需求的变化,其他运输资源也可能成为紧缺资源。例如,铁路投入运营初期,机车、车辆或动车组交付数量不足时,其保有量及周转运用是铁路运输能力的关键制约因素,需要采取更加高效的机车、车辆运用策略,以确保利用有限的活动设备资源完成尽可能多的运输任务。又如,部分运输能力波动较大的线路上,平日根据稀疏需求配置的机车、车辆较少,但通过能力有较多富余;而在运输高峰期,需要更加高效地运用机车、车辆,甚至采用租借、调拨等方式增加机车、车辆供给,以提升运输能力。因此,在对铁路运输能力问题建模时,有必要将各类影响铁路运输能力的资源考虑在内,但铁路运输资源种类复杂,运输能力的影响因素很多。如果考虑的资源约束过少,将难以计算得到符合实际运营限制的运输能力;而考虑因素过多,则会导致模型臃肿不堪,扩展性差,且难以高效求解;将这些影响因素逐项分开考虑,计算单一类别资源约束的"能力"再汇总,又会割裂各种资源利用的内在关联,影响运输能力计算结果的准确性。

导致以上问题的原因是铁路运输资源一般性与特殊性的矛盾。铁路运输资源的一般性体现在无论何种资源,其均在某一段时间内为某种位移的实现提供支撑;铁路运输资源的特殊性体现在运输资源的种类很多,不同种类资源由不同部门管理,其使用方式存在很大差异,对铁路运输能力的影响作用也有所不同。虽然铁路运输资源的特殊性给运输能力计算问题增加了难度,但其一般性则为进一步分析、抽象铁路运输资源利用问题,构建囊括多种运输资源约束的能力计算模型提供了可能。

铁路运输资源一般性与特殊性矛盾的处理方法具体如下。

(1) 正确认识紧缺资源和非紧缺资源的关系。

长期以来,运输能力的研究集中在通过能力上,而对于机车、车辆等设备资源,一般是在完成对通过能力的计算后,按运行图的需求进行配置。但是,在考虑资源的互动关系后,紧缺资源和非紧缺资源可能在特定的时间和空间上发生转换,在总体上非紧缺资源有可能出现局部的、阶段性的短缺,成为紧缺资源,在铁路运输能力计算中不可忽视。

(2) 合理抽象运输资源。铁路运输资源种类繁多,但是不同类别的运输资源存在内在共性特征,体现了运输资源利用的一般规律。因此,从能力研究完备性的角度考虑,有必要对这些资源进行一定的抽象后,统一将活动设备资源的数量、配置方式、运用方式等纳入铁路运输能力研究的范畴。

(3)借鉴铁路多资源运营管理经验。铁路运输系统中,不同的运输资源由不同的生产单位管理。在长期的铁路运输生产工作中,各种运力资源的管理部门形成了一套行之有效的多资源协调配合机制。在铁路运输能力的研究中,可以借鉴其中的洞见和经验,以启发运输能力计算的建模和求解。

3)铁路运输能力"大尺度"与"小尺度"的矛盾

铁路运输能力存在多个不同尺度的研究对象,对应不同尺度的运输能力概念,如图1-9所示。传统的运输能力计算倾向于将整个铁路网按空间划分为若干独立的能力计算单元,分别计算各单元的运输能力。例如,将铁路网划分为若干区段,并以此为单位计算区间通过能力;将车站作为一个独立的能力计算对象,计算车站的通过能力。在计算得到某个特定范围的运输能力后,研究者总是希望将各局部的运输能力汇总,通过能力匹配分析等方法,综合各个组成部分的运输能力,以研究整体的运输能力,即通过点、线、网作业协调下的运输能力计算,实现能力瓶颈识别、车流组织和列车运行组织优化的目的。但是,这种先局部、后整体的研究思路很可能忽略铁路运输系统各部分运输能力利用的时空关联性,容易导致运输能力计算的结果失真。例如,将路网的运输能力划分为若干区段,会割裂相邻区段间列车运行过程,忽略保持列车时空一致性导致的能力损失;区间的运输能力计算难以考虑车站微观运输能力影响因素(如进路冲突、到发线冲突等)从而导致运输能力被高估。

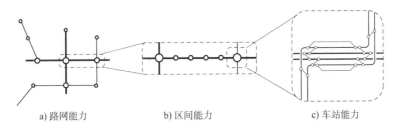

a) 路网能力　　　　b) 区间能力　　　　c) 车站能力

图1-9　铁路运输能力的研究尺度

导致以上问题的原因是铁路运输能力"大尺度"与"小尺度"的矛盾。铁路运输系统是复杂的大系统,其尺度可以大至全国铁路网,也可以小至轨道电路区段。利用不同尺度的工具研究铁路运输能力问题,将得到侧重点不同的结论。尽管如此,在不同尺度上计算得到的运输能力均应为同一运输过程的表征,是一个运输过程在不同粒度模型上的投影。在铁路点、线、网运输能力的研究中,只有保证各粒度上的运输能力严格对应同一运输过程,才能保证运输能力的内在一致性,才能体现点、线、网的作业协调。

因此，研究不同尺度运输能力计算问题最理想的方法是将所有的影响因素集成在同一个运输能力计算问题中进行建模和求解。然而，这样的解决思路仅具有理论意义，在实际计算中会因影响因素规模过大而难以实施。因此，在实际的计算中，需要以列车运行过程一致性为前提，合理选取模型粒度，妥善处理列车运行过程在各粒度间的一致性关系，平衡考虑时空关联性带来的准确性提升与求解效率下降的关系。

4) 铁路运输能力复杂内涵与简单表征方式的矛盾

铁路运输能力反映铁路运输系统的最大产出，而铁路运输系统产出的产品结构复杂。一条线路上运行着不同种类、不同等级、不同运行径路的列车，因而铁路运输能力也应表征具有复杂结构的铁路运输产品，具有复杂的内涵。但是，为了计算和使用的方便，铁路运输能力往往采用最大通过列车数量或最大货物吨数等高度凝练的简单数值表征，模糊化了不同种类列车的差异，一定程度上失去了对铁路运输产品产出复杂结构的表征作用。这个问题在以往列车种类和开行方式相对单一时并不明显，但在铁路运输产品种类日益多样化的当下，采用简单的运输能力表征方式来描述复杂运输产出不够全面，难以为精细化运营决策提供支撑。

以上问题是铁路运输能力复杂内涵与简单表征方式的矛盾导致的。铁路运输能力是铁路运输过程高度抽象后映射得到的特征量，使用高度抽象的特征量刻画一个复杂的运输过程存在失真。为了解决此问题，在运输能力计算过程中，通常为铁路运输能力界定明确的计算条件，使能力计算的结果可以对应明确的运输过程。例如，在客货混跑的线路上，先给定旅客列车的数量，然后在此基础上计算最大可以铺画的货物列车数量，那么计算得到的运输能力被具体化为"在给定旅客列车运行图下，最多可以铺画的货物列车数量"。界定计算条件可以明确运输能力对应的运输过程，但是当这些计算条件界定得过细时，其能力计算结果的适用范围过窄，难以探索除给定条件之外的能力利用可能性，也不利于全面了解最大可能实现的运输产出。对于运输组织相对复杂的线路，运行的列车种类复杂，列车的开行方案较多，列车运行图的规律性较弱，运输能力计算的条件不易设定。

以上问题引导我们重新思考铁路运输能力的复杂内涵，分析既有的铁路运输能力计算和表征方法存在的问题，并寻求一种既能恰当地设置能力计算条件，又能直观地呈现能力利用情况的方法，从而在更加全面地描述能力的同时，便于决策人员对能力利用方案进行分析比选，使运输能力计算结果更好地服务生产实际。

1.4.5 铁路运输能力研究现状总结

1)各国家和地区铁路运输能力研究方法的差异及其成因

不同铁路运输能力计算方法的面向目标、计算条件等存在差异,适用于不同的运输能力计算需求。不同国家和地区的铁路经营管理方式不同,其运输组织模式、列车运行图特征不同,铁路运输能力计算的目标存在差别,因而各个国家和地区采用的铁路运输能力计算方法存在鲜明的特色。欧洲国家的铁路采用"网运分离"的管理方式,在"规划型"运输组织模式下,路网管理公司将运行线(实质是固定资源的占用许可)作为商品销售给运营公司,列车运行图结构是"网"和"运"经过博弈的结果,轻易不作改变,因而对于铁路运输能力的研究主要围绕着结构固定的运行图进行,考察列车运行图的能力利用率,以体现运行图的铺画质量。美国、澳大利亚等国家采用的是货运公司主导的"组织型"模式,列车运行组织的灵活度较高,铁路交通流的计划性、可控性相对更弱,因而采用的研究方法以类似于道路通行能力的分析计算和仿真为主。我国普速铁路采用客货混跑的模式,旅客列车按图行车,而货物列车的"组织型"特征较强,因而在传统的运输能力计算方法中,通常将旅客列车运行线位置固定,求最大货物列车通过数量。长期以来,我国铁路运输能力不足,因而侧重于计算最多可以通过的列车数量,而较少考虑列车数量与其他运营指标的关系。但是,随着大量高速铁路投入运营,面向需求的铁路运输组织理念兴起,我国铁路运输能力利用的指导原则将从"重量轻质"逐渐转变为"质量并重"。为此,在研究铁路运输能力时,除了考察列车的绝对数量以外,还应进一步关注运输能力与运输质量的关系。

2)既有研究存在的共性问题

各种运输能力计算方法的固有缺陷和适用条件已在以上分析中进行了分类归纳。根据以上文献分析,结合我国铁路运营现状和未来发展趋势,总结当前的运输能力计算方法存在的共性问题,以便进一步研究解决。

(1)运输能力计算结果对运营的指导作用受限。随着我国铁路运输市场化程度不断加深,铁路网上开行的列车种类愈发复杂。在普速铁路上,旅客列车与货物列车的开行比例发生了很大的变化,客货列车运输产品趋向多元化;在高速铁路上,不同运行径路、速度等级、停站方案、开行时段的列车交织运行。在此情况下,继续采用简单的"最大列车数量"表征铁路运输能力不能全面体现复杂条件下最大的铁路运输产出,对于设计、运营的支撑作用受限,难以为面向市场的、精细化的运营决策提供有效指导。

(2)铁路运输能力计算方法考虑的运输资源不够全面。既有的铁路运输能力计算方法主要关注取决于固定设备资源的通过能力,而较少考虑其他类别的运输资源。目前关于铁路运输能力计算的研究较少从运输能力形成的机理出发,探讨运输资源与运输能力间的抽象映射关系,因而难以将多类别的运输资源统一纳入铁路运输的能力计算框架中。

(3)铁路运输能力计算方法的可扩展性不强。既有的铁路运输能力计算方法大多仅适用于特定的场景,缺乏灵活性和可扩展性。而引入国外常用的能力计算方法,又忽略了铁路运营管理体制和运输组织模式的差异,导致这些能力计算方法仅停留在理论研究层面,难以推广到铁路生产实践中。

(4)铁路局部与整体运输能力的计算研究割裂。由于铁路运输系统规模大、结构复杂,在研究铁路运输能力时,往往将其中的局部抽象为子系统,单独展开研究,形成了铁路运输能力研究的基本范式。然而,这种将铁路运输系统局部剥离研究的方式,使研究者很容易忽略铁路运输生产过程在不同局部的统一性和关联性。在这种认知下,针对铁路的点、线、网分别发展出了截然不同的能力计算方法,导致在研究三者一体化的运输能力时需要花费大量精力处理局部与局部的关联性和局部与整体的统一性问题。

3)本书的研究特色及创新点

本书以铁路运输能力形成的基础——运输资源的利用为切入点,分析铁路运输能力形成的机理,归纳了目前铁路运输能力计算面临的关键问题,提炼了铁路运输能力计算问题关键要素,构建了抽象的铁路运输能力计算特征模型,并从中演绎出一系列创新的运输能力计算方法。这些工作可以更加深入地揭示铁路运输能力的多维度内涵,使计算过程更加准确,使计算结果和相关结论更好地支撑运营决策。具体研究特色如下。

(1)普适性强。分析铁路运输能力形成的机理,挖掘铁路运输能力与运输资源利用的内在关联,基于"移动"和"资源"两个要素,构建高度抽象的铁路运输能力计算特征模型。该特征模型抽象地表达了铁路运输能力计算问题的基本特征,具有较强的普适性,是解决各类复杂条件下铁路运输能力计算问题的理论基础。

(2)准确度高。在铁路运输能力计算方法的研究中,从资源类别和资源粒度两个方面开展研究,分别提出"多资源"和"多粒度"铁路运输能力计算方法,使铁路运输能力的计算结果更加准确,具体包括:①考虑固定设备、活动设备等多种运输资源约束,计算反映多种运输资源适配的铁路运输能力;②将宏观和微观列车运行过程统一建模,计算反映铁路点、线作业协调的运输能力。以上方法力求更加准确、全面地描述铁路运输能力的影响因素，使计算结果更加接近实际。

（3）使运营决策得到更好支撑。研究多类别列车共线运营条件下的运输能力计算问题，考虑不同类别列车对运输资源的竞争，提出利用多目标优化中的帕累托最优前沿表征铁路运输能力的多种可能性。该帕累托最优前沿可供决策者分析不同列车组合开行下的运输能力，可以提升铁路运输能力计算结果的可用性，更好地支撑铁路运输资源配置和运营决策。

铁路运输能力计算贯穿铁路运输系统的规划、设计、运营、扩建改造等各个阶段，是铁路运输系统生命周期中的重要任务。本书针对当前铁路运输组织工作实际对运输能力计算提出的新需求，通过对现实问题进行分析、提炼和抽象，剖析铁路运输能力的内涵，提出铁路运输能力计算的关键问题及其解决方法，丰富了铁路运输能力的研究思路和手段，具体创新点如下。

（1）提出铁路运输能力计算的新视角。本书就铁路运输能力计算问题的理论意义和现实意义进行深入分析，提炼了铁路运输能力计算在实践中的关键问题，提出了在"多资源""多粒度""多类别列车共线运行"条件下铁路运输能力计算问题的解决思路，丰富了铁路运输能力研究的内容。

（2）提出基于资源的铁路运输能力建模方式。本书以"资源"这一关键概念为脉络，沿着抽象到具象的路径研究运输能力。首先提出基于抽象运输资源的铁路运输能力计算特征模型，然后针对铁路运输能力计算的关键问题演绎该特征模型。从系统建模的角度而言，基于资源的铁路运输能力计算建模方式具有较强的泛化能力，可扩展性较强，对解决复杂条件下的铁路运输能力计算问题具有启发意义。

（3）提出大规模铁路运输能力计算方法。本书依据铁路运输能力计算的优化图解法原理，通过铺画满表列车运行图计算运输能力。考虑铁路运输资源利用模型的数学复杂性，本书针对各模型特点，分别设计时间域滚动、拉格朗日松弛、面向粒度自适应的行生成等求解算法，铺画较大规模的满表列车运行图，以缩短计算时间，减少计算资源消耗，为铁路运输能力计算方法的实际应用提供条件。

第2章 基于资源的铁路运输能力理论

2.1 基于资源的铁路运输能力计算问题的抽象

上一章定性地对铁路运输能力的内涵、特点和影响因素进行了梳理和归纳。由此可知,铁路运输能力计算问题是求解在一定运输资源约束下能够实现的最大运输产出。为此,本节利用数学模型对铁路运输能力进行抽象表达,以"移动"和"资源"为建模要素,利用组合优化模型形式化地定义铁路运输能力计算问题。该数学模型的目标函数和约束条件抽象地揭示了运输能力计算问题的特征,因而称其为铁路运输能力计算特征模型(eigenmodel)。该特征模型高度抽象,可以作为以上铁路运输能力计算关键问题分析的切入点,是本书第3章至第5章研究的"多资源""多粒度""多类别列车共线运行"铁路运输能力计算问题的理论基础。

本节使用的数学符号说明见附录 A 的附表 A-1。

2.1.1 铁路运输能力的抽象要素

铁路运输系统产出的具体形式是位移,为此在特征模型中使用"移动"要素描述铁路运输产出;铁路运输资源是铁路运输能力形成的基础,为此在特征模型中使用"资源"要素表示各种运输资源。定义特征模型的"移动"和"资源"抽象要素如下。

(1) 移动。

移动表示在铁路运输系统中1次抽象的空间变化,记为 m,如图2-1所示。移动包含以下基本属性:①起始和终止位置;②起始和终止时间。图2-1中包含两个移动 m_1 和 m_2。其中,移动 m_1 在 t_1 时刻由 l_1 位置出发,在 t_2 时刻到达 l_2 位置,详记为 $m_1[(l_1,t_1),(l_2,t_2)]$;同理移动 m_2 可详记为 $m_2[(l_3,t_4),(l_5,t_6)]$。在具体的问题中,移动可以表示不同的具体作业环节,如列车在区间的运行、车辆在车站的调车作业等。例如,图2-1中,如果 l_1、l_2 为车站,那么移动 m_1 则为运行于区间 l_1—l_2 的运行线;如果 l_1、l_2 为车站到发线或分界点,那么移动 m_1 则为车站接发车作业。

定义 M 为1个移动簇，有 $m \in M$，用于表示铁路运输系统中可行移动集合。例如，图2-1中，移动 m_1 和 m_2 构成1个移动簇 M，表示整个铁路运输系统中存在 m_1 和 m_2 共两个移动。定义 M_C 为铁路运输系统所有可行移动簇的集合，有 $M \in M_C$。

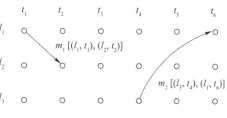

图2-1 "移动"概念示意图

（2）资源。

移动必须由一定的运输资源（设备、人力）协同工作才能完成。为此，定义资源这一概念，表示支撑移动完成的各类铁路运输资源，记为 r。例如，1段线路单元、1组动车组均可视为1个资源。使用"占用"来描述移动与资源的关系：如果移动 m 的发生需要利用资源 r，那么可以将其关系描述为"移动 m 占用了资源 r"。

资源具有状态这一重要属性，用于描述资源的利用，记为 s。不同类型的资源状态空间（资源状态可能的取值）是不同的。例如，闭塞分区这类固定设备资源的状态空间由"空闲""被某列车占用"等状态构成；动车组这类活动设备资源的状态空间由"正在担当某列车""在某处待命""检修中"等状态构成。

定义 S 为铁路运输的系统时变资源状态，如图2-2所示，资源 r_1 至 r_4 在 $[t_1, t_6]$ 时间范围的状态矩阵构成1个系统时变资源状态 S。S_C 为可行的系统时变资源状态的集合，有 $S \in S_C$。图2-2中，移动 m_1 和 m_2 的实现均需要占用对应的固定设备资源和活动设备资源。移动 m_1 在 $[t_1, t_2]$ 时间范围内占用了固定设备资源 r_1 和活动设备资源 r_3，使这两个资源的状态变为"m_1 占"；移动 m_2 在 $[t_4, t_5]$ 和 $[t_5, t_6]$ 时间范围内分别占用了固定设备资源 r_2 和 r_1，同时在 $[t_4, t_6]$ 时间范围内占用了活动设备资源 r_4，使这些资源的状态变为"m_2 占"。

资源与移动存在密切的关系。一方面，资源的状态会根据其承担的移动而发生变化，如图2-2中固定设备资源在移动通过期间被占用；另一方面，资源的状态具有排他性，使资源在某一时刻能够承担的移动受其状态制约，资源的状态转换需要服从一定的规则。图2-2中，固定设备资源在某一时刻只能承担1项移动，而活动设备资源在承担移动开始时刻，必须处在这项移动的起始位置。

资源和移动被资源分配方案联系在一起。铁路运输系统在运作时，需要为每个移动分配资源（如为某条运行线分配了某组动车组、为某个列车接发车作业分配了某条到发线），形成资源分配方案，记为 H。例如，图2-2中，将资源 r_1、r_3 分配予移动 m_1，将资源 r_1、r_2、r_4 分配予移动 m_2，形成1个资源分配方案 H_0。

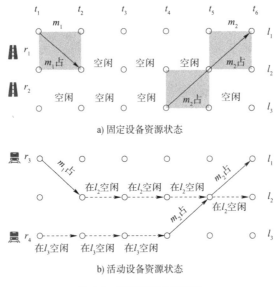

图 2-2 "资源"概念示意图

2.1.2 铁路运输能力计算特征模型

在铁路运输系统中,资源是有限的,这意味着其能够支撑的移动也是有限的。铁路运输能力计算问题可以描述为在运输资源约束下,求最大运输产出的组合优化问题。为此,以移动、资源为建模要素,构建铁路运输能力计算特征模型。

在本章中,将在资源约束内能够完成的最大产出称为运输能力,记为 c。基于移动、资源和运输能力的概念进行分析可知,铁路运输资源利用存在以下特征:

(1) 当且仅当提供足够的资源时,移动才能发生;

(2) 资源在不同的时刻存在不同的状态,资源的状态会影响其可以支撑的移动;

(3) 在某个特定的移动占用某个特定的资源前后,资源的状态可能发生改变。

根据以上特征,构建铁路运输能力计算特征模型,如模型 2-1 所示。

模型 2-1　铁路运输能力计算特征模型

$$\max c = f(M) \tag{2-1}$$

$$\text{s.t.} \begin{cases} M \in M_C & (2\text{-}2) \\ M = g(H) & (2\text{-}3) \\ H = h(S) & (2\text{-}4) \\ S \in S_C & (2\text{-}5) \end{cases}$$

第 2 章 基于资源的铁路运输能力理论

目标函数式(2-1)为最大化铁路运输能力 c。抽象函数 $f(\cdot)$ 表示选中的移动簇到运输能力的映射,即对于某一特定的移动簇,可以根据一定的方法计算得到运输能力。在实际铁路运输能力计算问题中,该映射表示铁路运输能力可以基于一个满表列车运行计划计算得到。

约束式(2-2)为移动的时间、空间关联性约束。该约束隐含了移动需要满足运输产品的质量要求,即选中的移动簇 M 必须在可行的移动簇集合 M_C 中。该约束表示在实际铁路运输系统中,列车的运行需要满足一定的技术条件限制(如最小列车运行时分)和质量要求(如最小停站时间、列车到发时间范围),同时该约束隐含了铁路运输能力计算条件中"一定行车组织方法"的要求。

约束式(2-3)为资源分配约束,表示资源分配方案与移动簇的关联关系,即采用资源分配方案 H 可以满足移动簇 M 中所有移动的需要。抽象函数 $g(\cdot)$ 表示资源分配方案到选中移动簇的映射,即可以根据某一特定的资源分配方案,得出对应的选中移动簇。在实际铁路运输能力计算问题中,该映射表示只有在提供了足够的运输资源(如在对应时段允许占用闭塞分区,成功安排机车、车辆)作支撑的条件下,运行图中的列车运行线才能被铺画,形成一定的运输产出。

约束式(2-4)为资源分配方案与系统时变资源状态的关系约束,即资源分配方案需要与系统时变资源状态相统一,其中资源分配方案与系统时变资源状态的关系又可以进一步细分为"绑定耦合"与"条件耦合"(将在模型2-2中具体介绍);抽象函数 $h(\cdot)$ 表示系统时变资源状态到资源分配方案的映射,资源分配方案取决于系统时变资源状态。在实际铁路运输能力计算问题中,该映射表示运输资源的状态与其分配方案的约束关系,如将某闭塞分区分配给某列车,那么该闭塞分区在对应时间段的时变资源状态应为该列车占用。

约束式(2-5)为资源状态约束,表示系统时变资源状态 S 不能超出 S_C 所表示的可行系统时变资源状态集合范围。该约束隐含了时变资源状态的可行性及时变资源状态随时间转换的限制,在实际铁路运输能力计算问题中表示铁路的作业限制(如闭塞分区同一时刻最多只能被1列车占用),是铁路运输资源稀缺性的具体表现。

铁路运输能力计算特征模型中的映射关系如图 2-3 所示。模型 2-1 使用组合优化模型的形式,基于移动、资源这两个要素,以资源的利用为基础,以资源状态→资源分配方案→移动→运输能力的映射关系为脉络,抽象地对铁路运输能力计算问题进行一般性描述,是本书名中"基于资源"的运输能力理论这一核心概念的内涵所在。该模型是一个高度抽象的数学模型,需要根据实际的能力计算问题,定义模型中的移动、资源在铁路运输系统中对应的具体要素,还需要根据实际的资源利用规则对模型进行演绎,定义资源的类型、可能出现的状态、移动对资源的占用规则等。

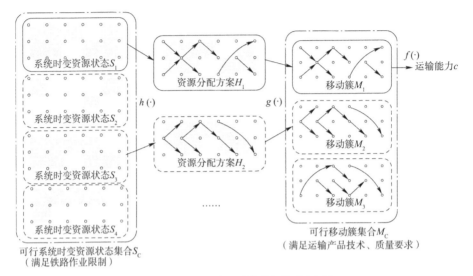

图 2-3 铁路运输能力计算特征模型示意图

2.1.3 特征模型的实例化

以下给出一个简化的铁路运输能力算例,并给出针对此简单算例的特征模型的 0-1 规划的具体实现,以进一步说明铁路运输能力计算特征模型可以演绎为各类铁路运输能力计算的具体问题。

设定案例为包含 3 个车站、2 个区间的单线铁路,采用区间闭塞的行车方式,运用数量给定的动车组。假设列车在区间的运行时间相同(不考虑起停车附加时分),不考虑动车组配属(起止位置)。该案例的铁路运输能力计算问题描述为:求 60 min 内最多能够铺画的运行线数量。根据这一简化的运输能力计算问题,对模型 2-1 中的要素作出如下演绎。

1)移动的实例化

定义移动为列车运行线,如图 2-4 中的箭头。所有可能的运行线作为移动的备选集合 M_0。被选中的移动构成的移动簇 M 可以使用向量表示,记为 $(x_{m_1}, x_{m_2}, \cdots)$。该向量的分量 x_m 为 0-1 变量,如果移动 m 存在于移动簇 M 中,取值为 1,否则为 0。例如,图 2-4 中,有移动 m_1 至 m_4 被选中构成移动簇 M,那么用于表示移动簇的向量中,分量 x_{m_1}、x_{m_2}、x_{m_3}、x_{m_4} 为 1,其余分量为 0。

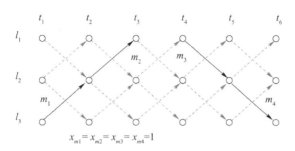

图 2-4 移动备选集合

2）资源的实例化

运行线铺画需要考虑的资源包括区间和动车组，为此定义区间资源和动车组资源如下。

（1）区间资源。由于区间为单线区间，同一时刻最多只能被 1 列车占用，定义区间资源的状态空间为 $\{0, m_1, m_2, \cdots\}$。当资源状态为"0"时，表示区间资源没有被列车占用；当资源状态为某个移动 m 时，表示区间资源被移动 m 占用。区间资源状态如图 2-5 所示。

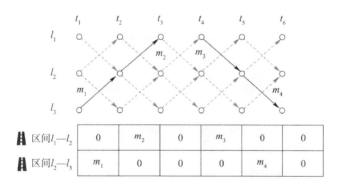

图 2-5 区间资源状态

（2）动车组资源。活动设备资源的状态除了包含其占用的移动外，还至少包含位置。为此，定义动车组资源的状态空间为 $\{(l, m) \mid \forall l \in \{l_1, l_2, \cdots\}, m \in \{0, m_1, m_2, \cdots\}\}$，即动车组所处位置与担当移动的二元组。特殊地，$(l, 0)$ 状态表示该动车组资源在 l 位置不担当任何移动。动车组资源状态如图 2-6 所示。

根据以上资源的状态空间定义，使用 0-1 变量 $y_{r,t,s}$ 表示资源状态，当资源 r 在 t 时刻的状态为 s 时，取值为 1，否则为 0。因此，模型 2-1 中的铁路运输系统的时变资源状态 S 可以表示为一个由 0-1 变量 $y_{r,t,s}$ 构成的向量。例如，图 2-5 和图 2-6 中表格列出的即为对应资源的状态,在系统时变资源状态的向量化表示中,这些资源状态对应的 $y_{r,t,s}$ 变量取值为 1,其余的 $y_{r,t,s}$ 变量取值为 0。

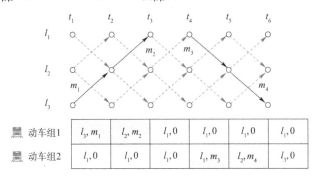

图 2-6 动车组资源状态

3) 移动与资源关系的实例化——资源的分配

使用 0-1 变量 $h_{m,r}$ 表示移动 m 对资源 r 的选择,当移动 m 选择资源 r 时取值为 1,否则为 0。因此,可以将模型 2-1 中的资源分配方案 H 向量化为 $H = (h_{m_1,r_1}, h_{m_1,r_2}, \cdots, h_{m_2,r_1}, h_{m_2,r_2}, \cdots)$。移动需要占用的固定设备资源是一定的(如图 2-5 所示,每个移动均有唯一需要占用的区间资源),但是占用的活动设备资源是可选的(如图 2-6 所示,每个移动均可能选择动车组 1 或动车组 2 担当),因而需要将资源进行分组,并规定移动需要从每组资源中选择 1 个资源(如所有的动车组归为 1 组,但每个区间各自形成 1 组),R_m^g 表示移动 m 的资源分组中包含资源 g。

定义资源状态空间 $S_{m,r,t}^B$ 和 $S_{m,r,t}^C$,分别表示移动 m 如果占用资源 r,在 t 时刻对资源 r 的状态的充要条件和必要条件。对于状态空间 $S_{m,r,t}^B$,如果移动 m 占用资源 r,那么资源 r 在 t 时刻的状态必为该状态空间中的某个元素;反之,如果移动 m 没有占用资源 r,那么资源 r 在 t 时刻的状态必不为该状态空间中的任何一个元素。通过此状态空间,将资源的状态与移动"绑定"。例如,图 2-5 中,一旦移动 m_1 被选中,区间 l_2—l_3 资源在 $[t_1, t_2]$ 的状态必为 m_1(占用);而如果移动 m_1 未被选中,那么该资源在该时段的状态必不为 m_1。对于状态空间 $S_{m,r,t}^C$,移动 m 如果占用资源 r,那么资源 r 在 t 时刻的状态必为状态空间 $S_{m,r,t}^C$ 中的任何一个;反之,如果移动 m 没有占用资源 r,那么不对资源 r 在 t 时刻的状态作约束,通过该约束将资源状态作为资源分配的必要条件。例如,图 2-6 中,移动 m_3 被选中的必要条件是有动车组资源在 t_3 时刻位于位置 l_1(存在多种可能);而移动 m_3 未被选中,不会对动车组

资源在 t_3 时刻的状态产生约束。

根据以上实例化分析,可以将特征模型 2-1 写成 0-1 整数规划模型,如模型 2-2 所示。

模型 2-2　铁路运输能力计算实例化模型

$$\max c = \sum_{m \in M_0} x_m \tag{2-6}$$

$$\text{s.t.} \begin{cases} x_m \in \{0,1\} & \forall m \in M_0 & (2\text{-}7) \\ x_m = \sum_{r \in R_m^g} h_{m,r} & \forall m, g & (2\text{-}8) \\ h_{m,r} = \sum_{s \in S_{m,r,t}^B} y_{r,t,s} & \forall m, g, r \in R_m^g, t & (2\text{-}9) \\ h_{m,r} \leqslant \sum_{s \in S_{m,r,t}^C} y_{r,t,s} & \forall m, g, r \in R_m^g, t & (2\text{-}10) \\ \sum_{s \in S_{r,t}} y_{r,t,s} = 1 & \forall r, t & (2\text{-}11) \end{cases}$$

模型 2-2 的目标函数式(2-6)为最大化移动的数量。约束式(2-7)为移动的时间、空间关联性约束,是模型 2-1 中的约束式(2-2)的实例化,表示选中移动簇中包含的移动需要满足一定的时间、空间约束条件。约束式(2-8)为资源分配约束,是模型 2-1 中的约束式(2-3)的实例化,表示如果移动 m 被选中,那么其所依赖的资源类别 g 中分配 1 个资源给移动 m。约束式(2-9)和约束式(2-10)分别为资源分配方案与资源状态的关系约束中的绑定耦合和条件耦合,是模型 2-1 中的约束式(2-4)的实例化。约束式(2-11)为资源状态唯一性约束,其中 $S_{r,t}$ 为资源 r 在 t 时刻的状态空间,是模型 2-1 中的约束式(2-5)的实例化。

举例说明模型 2-2 的求解结果。利用整数规划求解器 Gurobi 求解模型,得到 1 张包含移动最多的列车运行图。图片"列车运行图"请扫描二维码查阅。该图片中相同颜色的移动由同一个动车组担当;在 60min 时间范围内,利用 1 组动车组最多可以铺画 15 个移动,利用 2 组动车组最多可以铺画 30 个移动,利用 3 组动车组最多可以铺画 45 个移动。

列车运行图

2.2　铁路运输能力计算框架与研究边界

2.2.1　铁路运输能力计算框架

铁路运输能力计算特征模型(模型 2-1)的形式简洁抽象,可以简明扼要地揭示铁路运输能力计算问题的重要特征。模型 2-1 及其实例化模型 2-2 提炼和抽象了固定设备资源和活动设备资源这两类关键资源的共性特点,并在数学模型中统一表达,为后续具体的铁路运输能力研究奠定了数学理论基础。然而,实际的铁路运输能力计算问题远比模型 2-2 复杂。从模型 2-1 出发,结合 1.5 节的铁路运输能力计算的关键问题分析,可以从数学的角度解释铁路运输能力的复杂性,进而引出本书后续研究的多资源、多粒度、多类别列车共线运行三个具体的问题。铁路运输能力计算框架如图 2-7 所示。

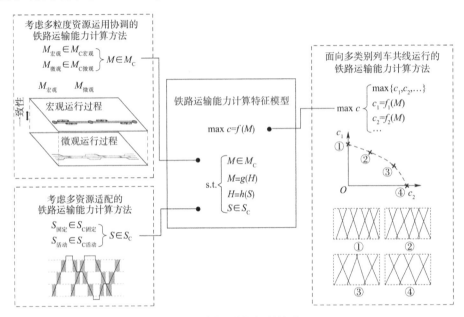

图 2-7　铁路运输能力计算框架

(1)运输资源的演绎:考虑多资源适配的铁路运输能力计算方法。

从模型 2-2 可以看出,对运输能力产生影响的运输资源种类很多,不同种类资源的状态存在一定的差异。例如,以区间为代表的固定设备资源的状态通常可以表示为"被某移动占用"或"空闲",而以动车组为代表的活动设备资源的状态除了"被某移动占用"或"空闲"维度外,还必须具有"位置"的维度,以描述该活动设备资源在何处可用。在实际运营中,运输资源的状态表现得更加复杂,需要考虑的因素更多。例如,活动设备资源还需要考虑检修里程和时间的约束,活动设备资源的累计里程和累计时间也要作为状态的维度。

在特征模型中,资源的复杂性体现在不同类别的时变资源状态 S 存在不同的状态空间,部分资源的状态维度很高,导致模型 2-1 中的可行资源状态集合 S_C 非

第2章 基于资源的铁路运输能力理论

常庞大,使实际规模的铁路运输能力计算模型难以直接求解。因此,需要针对各类运输资源运用的特点,选用不同的方法表达各类资源的状态及状态转换关系,以尽可能地减小模型规模。在此基础上,还需要准确地描述不同种类运输资源的互动关系,充分反映其适配关系。

为此,第3章将梳理铁路运输资源分配问题的典型建模方式,根据各类铁路运输资源的特点,对特征模型中的资源进行演绎,研究考虑多资源适配的铁路运输能力计算模型和算法,将模型2-1中的系统时变资源状态S按类别定义为不同的S_n(n为资源类别),构建同时考虑固定设备资源和活动设备资源的能力计算模型,以计算多资源约束下的铁路运输能力。

(2)移动的演绎:考虑多粒度资源运用协调的铁路运输能力计算方法。

特征模型将列车在区间的运行、在车站的接发车作业、在股道上的停留等所有作业抽象为移动,并未对移动所描述的具体列车运行过程进行讨论。在现实中,移动可以被具体化为不同粒度的列车运行过程,如超宏观层面的"航空线"(只有始发车站出发时刻与终到车站到达时刻的"运行线")、宏观层面的列车运行线、微观层面的列车接发车作业。不同层面的移动分别占用不同层面的运输资源,如列车运行线占用区间设备资源,列车接发车作业占用车站内的进路、轨道电路等资源。在具体的研究中,需要将移动描述为具体的列车运行过程。

为此,第4章将分析铁路运输系统中移动的构成和层次关系,对特征模型中的移动进行演绎,研究多粒度资源运用协调的铁路运输能力计算方法,即将模型2-1中的移动簇M按不同的粒度划分为不同的层次M_l(l为移动的粒度层次),构建多粒度的能力计算模型,以解决铁路点、线作业协调下的运输能力计算问题。

(3)运输能力的多目标演绎:多类别列车共线运行的铁路运输能力计算方法。

特征模型认为铁路运输能力(c)与选择的移动簇(M)存在函数关系,而模型2-2简单地将铁路运输能力定义为"移动数量"。然而,在铁路运输系统中,铁路运输产出的结构往往是复杂的,移动及其组合的空间属性(起讫点、运行径路)、发生时间、类型不同,其对满足铁路运输需求的意义也不同,简单地将所有的移动同等看待而计算得到的运输能力对运输生产的指导意义将会降低。因此,铁路运输能力不能简单地利用"最大移动数量"来表征,需要根据移动的属性,深入分析其对满足运输需求的意义,合理地定义模型2-1中的广义函数$f(\cdot)$,给出符合实际运营需要的铁路运输产出表征方法,使铁路运输能力计算模型得到的运输能力结果与实际的运营需要相符。

为此,第 5 章将在多类别列车共线运行条件下,对特征模型中的目标函数进行演绎,利用多目标函数表达不同类别列车共线运行对运输资源的竞争关系,即将模型 2-1 中的单目标函数 $\max c = f(M)$ 重构为多目标函数,利用多目标优化模型的帕累托最优前沿表征铁路运输能力的各种可能,以解决多类别列车共线运行条件下铁路运输能力的全面表征和计算分析问题。

2.2.2　本书铁路运输能力研究边界

1) 铁路运输能力的表征方法

本书采用的能力的定义:在一定的固定设备资源、机车、车辆类型、行车组织方法条件下,利用一定数量的活动设备资源和人力资源在一定时间范围内最多可以获得的运输产出。该定义沿用经典运输能力定义的表述,并对能力的表征方式进行了一般化的拓展,将原有的"列车数量"表征拓展为更一般的"运输产出"。

一般的生产系统采用满足一定质量要求的合格产品数量来表征生产能力,除了强调数量以外,还隐含了对产品质量的要求。传统的铁路运输能力定义往往以列车(对)数表征通过能力,以旅客发送量或周转量、货物发送量或周转量表征输送能力。以列车数量表征铁路运输会强行将不同的列车等价化,不能很好地体现列车运行线的"价值"。为此,在本书中,使用运输产出(transportation performance)概念表征能力,其计算公式为:

$$p_f = P_f - (d_f + g_f) \times \alpha \tag{2-12}$$

式中:p_f——列车 f 的运输产出;

　　P_f——列车 f 的初始运输产出;

　　d_f——列车 f 实际始发时刻与期望始发时刻的偏差;

　　g_f——列车 f 在运行途中的额外等待时间;

　　α——列车额外耗时与运输产出换算的比例关系。

其中,初始运输产出 P_f 与实际的运输产出直接相关(如列车上座人数、总收益、总周转量),为无量纲量。其具体的取值涉及旅客选择、成本核算、票额分配、票价制定等环节,体现运输能力的数量特征。因此,将列车的初始运输产出作为输入,认为一旦列车 f 开行,铁路运输系统即可获得 P_f 的运输产出。

列车运输产出 P_f 是与运行图无关的参数,是数量参数。考虑到列车运行线在实际铺画后,其铺画的时刻与最理想的时刻往往存在一定的差异,从而导致实际的运输产出发生折损(如旅客由于列车运行时间过长而改乘其他列车等情况),因此,将这些关于质量的因素 d_f 和 g_f 利用换算系数 α 计入实际运输产出中,体现运输能力的质量特征。

运输产出是比列车数量更一般化的运输能力表征方法。传统的铁路运输能力定义中,用于衡量运输能力的列车数量、旅客货物发送量等量,是式(2-12)所表征的铁路运输产出的具体化。例如,当 $P_f=1,\alpha=0$ 时,运输总产出即为列车总数,此时 $p_f=1$。本书除第 5 章研究新的铁路运输能力表征方式外,其他章节的铁路运输能力均采用式(2-12)计算。在实际工作中,如果需要采用列车数量作为铁路运输能力的衡量指标,可以在构建模型时仍然采用运输产出作为目标函数以充分体现不同列车的差异性,而在报告运输能力时采用满表列车运行图中的列车数量以方便对比分析。

2) 研究对象

本书在描述铁路运输能力的问题时,以高速铁路为例。具体的表现如下。

(1) 统一采用高速铁路的相关设备名称和作业类型。例如,将活动设备描述为"动车组"。

(2) 采用高速铁路的典型线路布置方式(双线铁路)、信号制式(准移动闭塞)、列车运行调度指挥设备(集中交通控制,CTC)作为建模依据。

(3) 在讨论铁路运输能力计算问题时,以列车为最小单位,不考虑车站内的调车作业。在研究车站能力时,将各项作业(如动车组的出入段)均看作列车的接发车作业。因此,在以下研究中,均将资源占用的主体称为"列车"。

需要注意的是,虽然本书以高速铁路为例描述铁路运输能力的问题,但是所提出的铁路运输能力计算方法(包括模型和算法)是经过一定程度抽象的,可以通过对模型的变量、约束条件等进行改进,以适应不同类型的铁路运输系统。

3) 计算条件

铁路运输能力定义中的"一定的行车组织方法"具体指以下内容。

(1) 以列车为运输能力计算的单元,考虑的是路网中完整的列车。

(2) 通过构建列车备选集,给定需要铺画列车的起讫点、停站方案、始发时间窗、需求偏好权重(即列车的初始运输产出),以此从宏观趋势上体现需求的时空不均衡性和需求的选择偏好。

(3) 列车的开行时间范围确定,列车种类、起讫点和停站方案确定,但列车运行图结构未知,列车开行比例未知。

(4) 给定列车的重要性参数,即列车的初始运输产出 P_f 已知,其具体的取值不在本书的研究范畴。

4）采用的能力计算方法

本书采用的计算方法是优化图解法，即在给定的列车运行备选集中挑选和铺画列车运行线，安排和优化具体的运输计划，生成运输产出最大的运输方案以确定运输能力。本书将通过优化图解法求解得到的运输产出最大的运行图称为满表运行图。

5）基本假设

本书在研究铁路运输能力计算问题时，主要考虑运输组织因素，在建模时不考虑设备技术条件的差异对运输能力产生的影响，即将技术条件作为已知条件。具体的基本假设如下。

（1）假设固定设备的作业方式和性能参数已知，不考虑固定设备参数的具体计算过程，不考虑机车、车辆的编组数量、动力学性能、操纵方式差异带来的能力差异。

（2）不考虑具体的运输需求，仅用运输产出表示列车一旦开行，其所能完成的运输产品。

（3）不考虑列车运行过程的随机性，与列车延误相关的服务水平已通过冗余时间体现在输入参数中。

2.3 本章小结

本章将铁路运输能力计算问题归结为数学优化领域的组合优化问题，构建包含移动和资源要素的铁路运输能力计算抽象模型及0-1规划实例。从特征模型的角度剖析铁路运输能力计算关键问题的数学复杂性，引出多资源、多粒度、多类别列车共线运行的能力计算框架，是第3章至第5章具体铁路运输能力计算方法的基础。

第3章 考虑多资源适配的铁路运输能力计算方法

铁路运输系统是一个涉及多资源投入的生产系统,固定设备资源和活动设备资源相互协作完成运输任务,形成铁路运输能力,因而铁路运输能力不仅取决于固定设备资源和活动设备资源的配置,还取决于二者的相互适配。长期以来,固定设备资源的投资和运营成本较高,通过改造固定设备加强运输能力的难度较大,而活动设备资源购置、运用的成本相对较低,投放较为灵活,可以及时补充或调拨,因而运输能力计算主要考虑固定设备资源约束。但是,随着高速铁路成网运营,新线投运初期可能存在机车、车辆交付数量不足等问题;部分需求波动强烈的线路上,机车、车辆资源可能存在小范围、阶段性短缺;机车、车辆独立配属的线路(如特殊制式的城际铁路)难以实现运能调拨。在这些运营场景下,活动设备资源对运输能力的影响逐渐不容忽视。除此之外,在制定铁路运输能力加强措施时,也需要充分考虑多资源适配情况,以评估措施的效果。

为此,本章首先分析列车运行图编制、列车运行调整、动车组交路优化等铁路运输计划优化模型的共性特征,将铁路运输资源利用问题归纳为基于资源请求冲突和基于资源时空状态两类。然后,分别利用这两类建模方式构建多资源适配下的运输能力计算模型,涵盖区间、车站等固定设备资源和动车组等活动设备资源约束。针对这两类模型的特点,分别设计按时间域分解算法和按资源类别分解算法,以求解大规模、多资源适配下的铁路运输能力。通过实例分析,研究不同种类资源的投放和运用策略与铁路运输能力的定量关系。

本章研究的铁路运输能力是考虑固定设备资源和活动设备资源适配的运输能力,属于输送能力范畴,因而本章所述的铁路运输能力特指输送能力。为了简化建模和求解,本章在对动车组资源建模时,暂未考虑动车组类型、编组辆数的差异。

3.1 铁路运输资源利用的一般建模与求解方法

3.1.1 基于资源请求冲突建模方法

基于资源请求冲突建模方法以列车占用资源的开始和结束时间来判断列车间

是否存在资源占用的冲突,据此构建运输资源利用的约束条件。以下为基于资源请求冲突建模方法的基本形式和关键约束条件。

不同的列车 $f \in F$ 需要占用同一资源 r,列车占用资源的开始和结束时刻分别记为 t_f^S 和 t_f^E。列车占用资源的开始和结束时刻与列车运行时刻的绑定关系通过其他约束实现,此处不再赘述。资源请求冲突的定义为:如果对于列车 $f_1, f_2 \in F, f_1 \neq f_2$,存在 $t_{f_1}^S < t_{f_2}^E \wedge t_{f_1}^S < t_{f_2}^S$(或 $t_{f_2}^S < t_{f_1}^E \wedge t_{f_2}^S < t_{f_1}^S$,因其与前述条件对称,可作为另一个冲突看待),那么列车 f_1 和 f_2 之间存在资源请求冲突。为此,需要使用约束条件限制这种资源请求冲突的发生。资源请求冲突约束构造方法通常有离散变量方法和连续变量方法两种。

(1)离散变量方法。

使用 0-1 变量 y_{f_1,f_2} 表示列车 f_1 和 f_2 间是否需要检查冲突:如果列车 f_1 和 f_2 间需要进行冲突检查,那么 y_{f_1,f_2} 取值为 1,否则为 0;使用 0-1 变量 $x_f^{t^S,t^E}$ 表示列车对资源占用的开始和结束时间:如果列车 f 在 t_f^S 和 t_f^E 时刻分别开始和结束对资源 r 的占用,那么 $x_f^{t^S,t^E}$ 取值为 1,否则为 0。根据变量定义,可以构建列车资源请求冲突的约束条件如下:

$$x_{f_1}^{t_{f_1}^S,t_{f_1}^E} + x_{f_2}^{t_{f_2}^S,t_{f_2}^E} - M \times (1 - y_{f_1,f_2}) \leq 1 \quad \forall f_1, f_2 \in F, t_{f_2}^S < t_{f_1}^E \wedge t_{f_1}^S < t_{f_2}^S \quad (3\text{-}1)$$

约束式(3-1)为一般资源请求冲突约束。对于固定设备资源而言,资源 r 应为线路单元,列车对线路单元的开始和结束占用时刻可以根据锁闭时间原理计算。如果列车 f_1 和 f_2 需要通过同一线路单元,这 2 列车即有可能发生线路单元资源占用冲突而需要检查,有 $y_{f_1,f_2} = 1$。

固定设备资源的基于资源请求冲突建模方法如图 3-1 所示。约束式(3-1)可以保证图 3-1 中的 2 列车合理安排作业时刻,使资源请求时间段错开,以避免闭塞分区占用冲突。

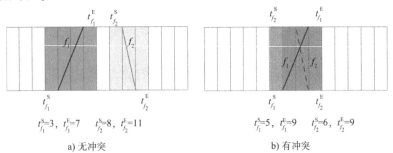

a) 无冲突　　　　　　　　　　b) 有冲突

图 3-1　固定设备资源的基于资源请求冲突建模方法

对于活动设备资源而言,资源 r 应为动车组,列车对动车组的开始和结束占用时刻分别为列车的始发和终到时刻,加上必要的折返整备时间。如果列车 f_1 和 f_2 存在接续关系,那么这 2 列车可能发生动车组资源的占用冲突而需要检查,有 $y_{f_1,f_2}=1$。

活动设备资源的基于资源请求冲突建模方法如图 3-2 所示。约束式(3-1)可以保证图 3-2 中后序列车(f_2)的始发时刻不早于前序列车(f_1)的终到时刻加折返整备时间,使动车组接续可行。

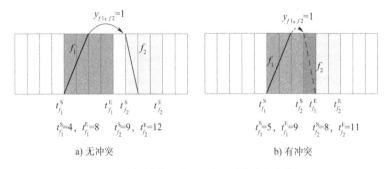

图 3-2 活动设备资源的基于资源请求冲突建模方法

(2)连续变量方法。

除了采用以上方法外,还可以借鉴加工车间调度问题的经典建模方法,用连续变量对资源请求冲突进行建模。此时,t_f^S 和 t_f^E 为连续变量,仍使用 0-1 变量 y_{f_1,f_2} 表示列车 f_1 和 f_2 间是否需要冲突检查,可以构建资源请求冲突的约束条件如下:

$$t_{f_2}^S - t_{f_1}^E + M \times (1 - y_{f_1,f_2}) \geqslant 0 \quad \forall f_1, f_2 \in F \tag{3-2}$$

约束式(3-2)对于固定设备资源而言,如果列车 f_1 先于列车 f_2 进入线路单元,那么需要检查冲突,有 $y_{f_1,f_2}=1$,列车 f_2 占用线路单元的开始时刻需要晚于列车 f_1 释放线路单元时刻;对于活动设备资源而言,如果列车 f_1 与 f_2 有接续关系,那么列车 f_2 占用动车组资源的开始时刻需要晚于列车 f_1 释放动车组资源的时刻。

以上基于资源请求冲突的建模方法存在很多变式,但不影响其基于资源请求冲突的本质。例如,对于双线铁路区间,只要前后行列车在进入、离开区间以及在区间运行过程中保持一定的间隔,即可保证前后行列车在区间运行无冲突,那么以上约束式中的资源占用开始、结束时刻就可以改写为列车进入、离开区间的时刻,相当于利用追踪间隔时间来表达冲突。列车运行图优化问题的离散事件模型、可替代图(alternative graph)模型、使用 0-1 变量表示列车前后行顺序的混合整数规划模型,动车组交路优化问题的时空接续网模型等经典模型均属于基于资源请求冲突的模型。下面对这些建模方法的本质进行提炼，为 3.2 节考虑多资源约束的铁路运输能力计算一体化建模奠定理论基础。

3.1.2 基于资源时空状态建模方法

基于资源时空状态建模方法以列车占用资源过程对资源状态的影响关系描述列车对资源的占用，据此构建运输资源利用约束条件。以下为基于资源时空状态请求冲突的建模方法的基本形式和关键约束条件。

定义资源 r 在 t 时刻的状态空间 $S_r(t)$，使用 0-1 变量 $z_{s,r}(t)$ 表示资源 r 在 t 时刻的状态，如果资源 r 在 t 时刻的状态为 s，那么 $z_{s,r}(t)$ 取值为 1，否则为 0。定义资源 r 从 $t-1$ 时刻至 t 时刻的可行资源转换集合为 $ST_r(t-1,t)$，有 $(s,s') \in ST_r(t-1,t)$，其中 (s,s') 表示资源状态从 s 转换为 s'。为此，可以使用以下约束条件表示资源的占用。

$$\sum_{s \in S_r(t)} z_{s,r}(t) = 1 \quad \forall r,t \quad (3\text{-}3)$$

$$\sum_{(s_1,s^*) \in ST_r(t-1,t)} z_{s_1,r}(t) = \sum_{(s^*,s_2) \in ST_r(t,t+1)} z_{s_2,r}(t) = z_{s^*,r}(t) \quad \forall r,t,s^* \quad (3\text{-}4)$$

约束式(3-3)为资源的状态约束，表示资源 r 在 t 时刻只能有唯一的状态；约束式(3-4)为资源状态转换约束，表示资源 r 在 $t-1$ 时刻、t 时刻、$t+1$ 时刻的状态转换需要满足一定的限制。资源的状态与列车运行时刻的绑定关系通过其他约束实现，此处不再赘述。

对于固定设备资源而言，资源 r 为闭塞分区，资源状态用"被某列车占用"或"空闲"表示。如图 3-3 所示，固定设备资源 r 在 t 时刻的状态空间可以表示为 $S_r(t) = \{f_1, f_2, 0\}$。固定设备资源的状态没有特殊的转换规则，因而不受约束式(3-4)约束。通过约束式(3-3)，可以将固定设备资源在时间上划拨给不同的列车使用。

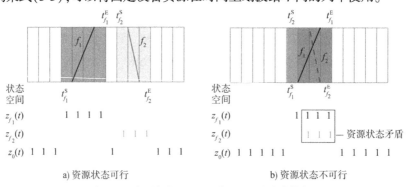

图 3-3 固定设备资源的基于资源时空状态建模方法

第3章　考虑多资源适配的铁路运输能力计算方法

对于活动设备资源而言,资源 r 为动车组,资源状态用"动车组在何位置担当何列车任务"或"在何位置空闲"表示。如图3-4所示,活动设备资源 r 在 t 时刻的状态空间可以表示为 $S_r(t)=\{(f_1,a-b),(f_2,a-b),(0,a),(0,b)\}$。在此资源状态的定义下,活动设备资源的状态转换需要满足空间连续性的条件。因此,活动资源除了需要满足约束式(3-3)外,还需要满足约束式(3-4)资源状态转换约束。此外,活动设备的很多运用约束条件表现出了累积特性,如动车组一级修的累计里程和累积时间、乘务组一次出乘的最长工作时间等,需要通过对状态进行"升维"解决。

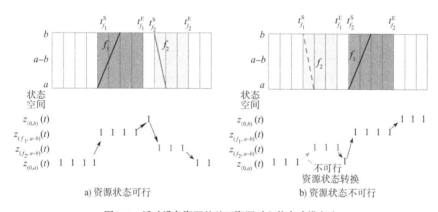

图3-4　活动设备资源的基于资源时空状态建模方法

由以上分析可知,固定设备资源的状态不包含空间属性,无法在空间范围内调拨,同时其状态也没有特定转换规则,无法在时间上贮存,这体现了铁路通过能力无法在时间和空间上调拨的特性。而活动设备资源的状态具有空间维度,可以通过运行线(普通列车或空车回送列车)在空间范围内调拨。另外,活动设备资源具有状态转换约束,可以在某一地点贮存,这体现了铁路输送能力可以在时间和空间上进行一定程度调拨的特性。以上对基于资源时空状态建模方法的原理进行分析归纳,为3.3节考虑多资源约束的铁路运输能力计算一体化建模奠定理论基础。

其他特殊的资源类别简要讨论分析如下,本书不做过多阐述。

(1)维修施工对固定设备资源的占用。铁路的维修(施工)天窗可以看作一种对固定设备资源的特殊占用。维修(施工)需要在给定的天窗时间内完全占用线路单元,其间列车无法运行,影响铁路通过能力。为了降低天窗对运输能力的影响,在既有线上采用了V形天窗或X形天窗,但高速铁路为了维修施工作业安全往往采用垂直天窗。与行车任务类似,维修(施工)天窗是一种特殊的"任务",都是对固定设备的独占。因此,可以将列车的维修(施工)作业描述为"虚拟列车",并使用列车在区间的运行时分表示天窗的形状。

(2)牵引供电资源的占用。牵引供电资源可以看作一种特殊的固定设备资源,其占用相比于线路单元的占用具有特殊的规则。为此,可以针对牵引供电系统的布置,引入与牵引供电系统相关的"时空资源",以表达牵引供电资源对通过能力的约束。

3.1.3 基于资源请求冲突建模方法与基于资源时空状态建模方法的关系

基于资源请求冲突的模型与基于资源时空状态的模型描述的列车运行过程是等价的。在列车运行图优化的研究文献中,基于资源请求冲突的建模思想是主流,相关的模型大多采用加工车间调度(job-shop scheduling)问题的建模方式。在基于资源时空状态的列车运行图优化研究中,Brännlund 等最早采用时空网络和时空资源的方式对列车运行图建模。Caprara 等首先借鉴基于资源请求冲突的思想,构建了基于时空网络流的列车运行图优化模型,利用冲突簇(conflict cluster)来描述列车运行线的时空冲突,将可能发生冲突的时空弧组织成 1 个冲突簇,通过约束条件限制 1 个时空弧的冲突簇中最多只能有 1 条时空弧被选中;然后对面向时空弧冲突的模型进行等价变形,提出了面向时空节点冲突的模型,以约束时空节点最大发出或进入弧的数量,表示列车运行线冲突约束。该模型具备了基于资源时空状态模型的特征,是基于资源时空状态列车运行图模型的雏形。该模型变形依托严格的数学推理和证明,给出了基于资源请求冲突与基于资源时空状态两种建模方式的相互转化关系,是列车运行图研究文献中的一个重要的里程碑。受此启发,Meng 等在以上面向时空节点冲突的模型的基础上,对时空网络的要素进行重新整理,将列车运行线占用资源的约束从时空节点转移到一种抽象的"时空行车资源"上,首次明确地提出了利用资源描述列车运行线冲突,并清晰地描述了列车运行时空轨迹与其占用设备资源的关系。

对于铁路运输能力计算而言,基于资源请求冲突的建模方式对列车运行过程的表达直观,模型结构简单,因而被广泛用于列车运行计划优化及运输能力计算的图解法中。相比于基于资源请求冲突的建模方法,基于资源时空状态的建模方法能够更直接地描述列车与资源二者的互动关系,对揭示铁路运输能力的形成机理具有独特的优势。此外,基于资源时空状态的建模方法可以将资源的概念扩展至铁路运输领域的其他资源上,在一些具有特殊资源约束的运输能力计算问题中,可

第 3 章　考虑多资源适配的铁路运输能力计算方法

以通过对既有模型的简单改进以适配新问题,具有更好的可扩展性。

本章 3.2 节和 3.3 节分别采用基于资源请求冲突和基于资源时空状态两种建模方法,构建考虑多资源的铁路运输能力计算模型,以研究多资源适配下的铁路运输能力。

3.1.4　大规模铁路运输资源利用问题求解方法

采用优化图解法计算铁路运输能力需要求解大规模时空资源分配的组合优化问题,采用运筹学的经典方法(如分支定界算法)求解存在一定的难度,而目前求解组合优化问题的通用求解器(如 CPLEX、Gurobi)的能力有限,难以实现大规模问题的高效率求解。为此,需要采用分解策略,将大规模的铁路运输能力计算问题分解为小规模问题,"分而治之",进而求得大规模问题的满意解。常见的问题分解策略如下。

(1)按时间域、空间域分解。

按时间域分解指将大规模的列车运行计划优化问题划分为若干时段,每次只求解其中一个时段的计划。在局部时段求解完成后,将该时段的计划作为已知条件输入后一时段中继续求解,直至所有时段的计划均求解完成为止。这种方法也被称为滚动时间轴方法(rollinghorizon approach)。该方法借鉴了人工铺画列车运行图"从前往后"推进的经验,在局部可以获得质量较好的解,也较易实施。但是,较晚时段运行图的铺画受制于较早时段运行图的质量。如果在铺画较早时段的运行图时不考虑较晚时段运行图的铺画条件,不合理地占较晚时段运行图的铺画空间,会导致列车运行图的铺画质量越来越差。

按空间域分解指将复杂的铁路网络划分为多个相对独立的子网,然后逐个求解子网的运行图。这种求解方法可以根据路网的结构特征灵活地划分子网,使列车运行图的求解得到一定的简化。例如,加边法以局部路网的运行图为基础,通过加入铁路区间并铺画新加入区间的运行图,实现运行图空间维度的扩展。随着计算条件的发展,基于空间的分解方法得到进一步的改进,如 Luan 等提出了一种名为 CDRSBK(cooperative distributed robust safe but knowledgeable)的启发式方法提升各子网间运行图的协调程度。

(2)按列车运行线(时空路径)分解。

按列车运行线(时空路径)分解指将运行图中的运行线解耦,分解为独立的时空路径子问题,并采用不同的方法疏解列车时空路径冲突。这种分解方法可以保留列车运行路径的连续性,免于处理列车在时间或空间边界的一致性问题。但是,在大规模且较复杂的列车运行图中,这种方法中列车的冲突难以完全疏解,从而容易导致求解质量不佳。另外,按列车运行线分解往往需要利用数学规划中的对偶分解法(如列生成算法、拉格朗日松弛算法),从不可行域逐步逼近可行域(如拉格朗日松弛算法中采用次梯度法更新乘子),但由于列车运行图问题是严格非凸的整数规划问题,按这种方法很有可能无法得到可行解,往往需要借助启发式方法将对偶问题的解可行化,因而最终获得的可行解质量很大程度上取决于启发式可行化方法的寻优能力。

(3) 按资源类别分解。

按资源类别分解可以将一个复杂的多资源分配问题分配给各专业"部门"处理,然后通过一个主问题协调不同资源的分配。这种方法是受铁路运输分专业的管理体制启发而产生的一种朴素的分解方法,可以将求解各个子问题的方法看作"黑箱",主问题只负责协调各类资源分配子问题,而各类资源分配子问题只专注于某种特定的资源,求解的难度大大减小。在此框架下,各类资源分配子问题可以根据需要使用不同的方法,有利于直接利用成熟的单一资源分配方法,也有利于实现资源分配模型的模块化,可扩展性强。该分解方法与铁路运输生产实际工作相近,可以借鉴各专业部门的经验开发具有针对性的模型和算法。

以上大规模铁路运输资源利用问题求解方法需要根据模型的特点选取。本章 3.2 节利用按时间域分解的方法,求解基于资源请求冲突的铁路运输能力计算模型;3.3 节利用按资源类别分解的方法,求解基于资源时空状态的铁路运输能力计算模型。

3.2 按时间域分解的多资源铁路运输能力计算方法

基于资源请求冲突的模型的建模思路为:以基本运行图为框架,以运行图铺画规则、股道运用规则与动车组运用规则为约束条件,构建铺画满表列车运行图的数学模型。结合基于资源请求冲突的模型的特征,提出时间域滚动算法求解大规模问题。

本节使用的数学符号说明见附录 A 的附表 A-2。

3.2.1 基于资源请求冲突的铁路运输能力计算模型

根据涉及的运输资源类别,铁路运输能力计算问题可进一步划分为列车运行图(利用追踪间隔时间以疏解运行图冲突)、动车组运用(利用接续弧以疏解动车组接续冲突)和车站股道分配(利用间隔时间和股道选择以疏解股道冲突)3 个子问题,三者之间存在关联关系。

1)区间固定设备资源——列车运行图子问题

列车运行图子问题的主要决策变量是列车在各车站的到达和出发时刻。从运输能力利用的角度看,列车运行图的铺画是对铁路区间时空资源的优化分配。使用以下约束条件表示列车运行图问题变量间的关联关系。

$$E_f \leqslant d_f^{\omega_f} \leqslant L_f \quad \forall f \in F^* \tag{3-5}$$

$$a_f^{\gamma e} = d_f^{\lambda e} + R^e + A^e \times z_f^{\lambda e} + D^e \times z_f^{\gamma e} \quad \forall f \in F^*, e \in \Pi_f \tag{3-6}$$

$$d_f^s - a_f^s \leqslant M \times z_f^s \quad \forall f \in F^*, s \in \Gamma_f \tag{3-7}$$

$$d_f^s - a_f^s \geqslant P_f^s \quad \forall f \in F^*, s \in \Gamma_f \tag{3-8}$$

$$a_{f'}^s - a_f^s + (1 - u_{f,f'}^s) \times M \geqslant 0 \quad \forall f \in F^*, f' \in F^* - f, s \in \Gamma_f \cap \Gamma_{f'} \tag{3-9}$$

$$u_{f,f'}^s + u_{f',f}^s = 1 \quad \forall f \in F^*, f' \in F^* - f, s \in \Gamma_f \cap \Gamma_{f'} \tag{3-10}$$

$$d_{f'}^{\lambda e} - d_f^{\lambda e} + (1 - u_{f,f'}^{\gamma e}) \times M \geqslant H_{f,f'}^{\lambda e} \quad \forall f \in F^*, f' \in F^* - f, e \in \Pi_f \cap \Pi_{f'} \tag{3-11}$$

$$a_{f'}^{\gamma e} - a_f^{\gamma e} + (1 - u_{f,f'}^{\gamma e}) \times M \geqslant H_{f,f'}^{\gamma e} \quad \forall f \in F^*, f' \in F^* - f, e \in \Pi_f \cap \Pi_{f'} \tag{3-12}$$

约束式(3-5)为列车始发时间窗约束。约束式(3-6)为列车的区间运行时分约束,表示列车在前方站的到达时刻与后方站的出发时刻须满足区间运行时分标准,0-1 变量 $z_f^{\lambda e}$ 和 $z_f^{\gamma e}$ 决定了是否将起停附加时分累加到区间总运行时分中,体现了因停站方案不同导致的列车区间运行时分差异。约束式(3-7)构建了停站时间和变量 z_f^s 的一致性关系,表示列车因停站导致的列车旅行时间增加。约束式(3-8)表示列车最小停站时间约束。约束式(3-9)和约束式(3-10)表示列车到达车站次序变量 $u_{f,f'}^s$ 与列车到达车站时刻变量的一致性约束。约束式(3-11)和约束式(3-12)分别表示出发间隔时间和到达间隔时间约束,由于同向列车不允许在区间变更运行次序,约束式(3-11)亦采用 $u_{f,f'}^{\gamma e}$ 来表示。列车在区间运行顺序用 0-1 变量 $u_{f,f'}^{\gamma e}$ 表示,意味着运行线可采用灵活越行的方式以充分利用运输能力。

2)活动设备资源——动车组运用子问题

动车组运用的关键在于确定折返列车间的衔接关系,是对活动设备资源的时空调拨与分配。以下是动车组接续关系的基本约束。

$$\sum_{f' \in F^*: \delta_{f'} = s} b_{f,f'}^s = 1 \quad \forall s \in \Gamma, f \in F^* - F_0^- : \omega_f = s \tag{3-13}$$

$$\sum_{f \in F^* : \delta_f = s} b_{f,f'}^s = 1 \quad \forall s \in \Gamma, f' \in F^* - F_0^+ : \omega_{f'} = s \quad (3\text{-}14)$$

$$d_{f'}^s - a_f^s + M \times (1 - b_{f,f'}^s) \geq c_{f,f'}^s \quad \forall s \in \Gamma, f \in F^*, f' \in F^* : \omega_f = \delta_{f'} = s \quad (3\text{-}15)$$

约束式(3-13)和约束式(3-14)确保动车组接续关系的唯一性,即对每 1 列车而言,有且仅有 1 列前序列车和 1 列后续列车与其存在接续关系。其中,动车组出段的车底回空列车 $f \in F_0^+$ 只需满足约束式(3-14),动车组入段的车底回空列车 $f \in F_0^-$ 只需满足约束式(3-13)。约束式(3-15)是最小接续时间标准约束,表示存在接续关系的列车对(即 $b_{f,f'}^s = 1$ 时)在动车组立即折返车站 s(即前序列车的终到站,也是后序列车的出发站),后序列车的出发时刻 $d_{f'}^s$ 与前序列车的到达时刻 a_f^s 之差不小于接续时间标准 $c_{f,f'}^s$,如图 3-5 所示。关于动车组出入段的组织在此模型中暂不作具体讨论,因此动车段的存车能力抽象地表示为该动车段拥有的备选动车组数量,体现在备选出入段列车集合中。

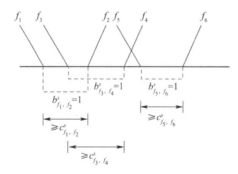

图 3-5 动车组接续条件

3) 车站固定设备资源——股道分配子问题

股道分配子问题决策的内容是列车在各车站的股道选择,在保证股道占用不冲突的前提下,使股道利用的方案最优,是对车站股道这一时空资源进行的优化分配。股道分配问题的基本约束如下。

$$\sum_{k \in V_f^s} x_f^k = z_f^s \quad \forall f \in F^*, s \in \Gamma_f \quad (3\text{-}16)$$

$$\sum_{k \in U_f^s} x_f^k = 1 - z_f^s \quad \forall f \in F^*, s \in \Gamma_f \quad (3\text{-}17)$$

约束式(3-16)和约束式(3-17)表示列车股道选择的唯一性约束,如果列车在当前车站停站,那么须选择具备乘降条件的股道停靠,否则须选择正线股道通过。股道的占用与列车的到达和出发时刻、动车组的接续关系有密切的关联,存在以下约束条件。

$$a_{f'}^s - d_f^s + M \times (3 - u_{f,f'}^s - x_f^k - x_{f'}^k) \geq \tau_k$$

$$\forall f \in F^*, f' \in F^* - f, s \in \Gamma_f \cap \Gamma_{f'}, k \in K^s \quad (3\text{-}18)$$

约束式(3-18)表示中间站股道的占用间隔时间约束,即当两列车均选用同一股道 k 时,后行列车须在前行列车离开若干时间后才允许进入该股道,如图3-6中的 f_1 与 f_3。

$$b_{f,f'}^s \leq 1 - x_f^k + x_{f'}^k \quad \forall f \in F^*, f' \in F^*, s \in \Gamma : \omega_f = \delta_{f'} = s, k \in K^s \quad (3\text{-}19)$$

$$b_{f,f'}^s \leq 1 - x_{f'}^k + x_f^k \quad \forall f \in F^*, f' \in F^*, s \in \Gamma : \omega_f = \delta_{f'} = s, k \in K^s \quad (3\text{-}20)$$

$$a_{f''}^s - d_{f'}^s + M \times (4 - b_{f,f'}^s - u_{f,f''}^s - x_f^k - x_{f''}^k) \geq \tau_k$$

$$\forall f \in F^*, f' \in F^* - f, f'' \in F^* - f - f', s \in \Gamma_{f''} : \delta_f = \omega_{f'} = s, k \in K^s \quad (3\text{-}21)$$

约束式(3-19)和约束式(3-20)共同表示具有立即折返接续关系的列车在折返车站须选择同一条股道,即当 $b_{f,f'}^s = 1$ 时, $x_f^k = x_{f'}^k$。约束式(3-21)表示始发站、终到站股道占用时间间隔约束,如果2列车选择当前股道($x_f^k = x_{f''}^k = 1$)进行立即折返($b_{f,f'}^s = 1$),那么在列车 f 后接入该股道的列车 f'' 须在列车 f' 离开一定时间后才可进入,如图3-6中的 f_4、f_5、f_7。

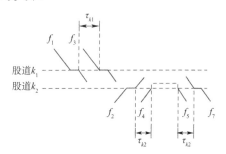

图3-6 股道分配时间条件

4)铁路运输能力计算一体化模型

以上3个子问题共用部分决策变量,构成子问题间相互关联的纽带,这些共用的决策变量体现了运输能力的3个子问题间存在着相互作用、相互影响的耦合关系,如图3-7所示,具体如下。

(1)列车运行图与股道分配耦合关系:列车在车站的到达、出发时刻与列车进入、离开相应股道的时刻有对应关系。

(2)列车运行图与动车组接续耦合关系:具有立即折返接续关系的2列车,其前序列车的到达时刻与后序列车的出发时刻须满足动车组的接续时间标准。

(3)股道分配与动车组接续耦合关系:具有立即折返接续关系的 2 列车在立即折返车站必须分配在同一股道。

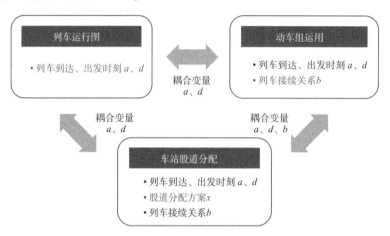

图 3-7　铁路运输能力影响要素互动关系

根据以上运输能力的影响因素及关联关系分析,可以构建铁路运输能力计算的一体化模型如下。

模型 3-1　基于资源请求冲突的铁路运输能力计算模型

$$\max \|F^*\| \tag{3-22}$$

$$\min \sum_{f \in F^*} (a_{\omega_f} - d_{\delta_f}) \tag{3-23}$$

$$\text{s.t.} \begin{cases} 约束式(3\text{-}5) \sim 约束式(3\text{-}21) \\ F^B \subseteq F^* \\ F^* \subseteq F \end{cases} \tag{3-24} \tag{3-25}$$

模型 3-1 中,目标函数式(3-22)为运输能力计算的主要目标,即尽可能多地在运行图中铺画满足约束条件的列车。其中,集合 F^* 表示入选列车集合,是决策变量。目标函数式(3-23)为次要目标,即在满足规划列车尽可能多的条件下,令获得的运行图尽可能紧凑。约束式(3-5)~约束式(3-12)为运行图子问题约束,约束式(3-13)和约束式(3-14)为动车组接续子问题约束,约束式(3-16)和约束式(3-17)为股道分配子问题的约束,约束式(3-15)和约束式(3-18)~约束式(3-21)表示各子系统间关联关系的耦合约束。约束式(3-24)表示所有的基本图列车必须被铺画。约束式(3-25)表示入选列车须从可能被铺画的列车全集中选出。

模型 3-1 将铁路运输能力计算特征模型(模型 2-1)中的移动描述为列车运行线,利用表示列车运行线的时空关联性约束(区间运行时分、停站时间)描述移动簇,利用列车追踪间隔、动车组接续时间、股道占用时间间隔等冲突约束描述运输资源及其利用状态规则。模型中不同的资源采用了不同的冲突约束进行描述,体现了对特征模型中资源要素的演绎。

3.2.2 时间域滚动算法

本小节依据压力测试算法的基本思路,考虑车站股道分配和动车组数量约束,利用模型 3-1 对列车运行图进行压力测试,计算铁路运输能力。模型 3-1 存在约束 $F^* \subseteq F$,表示从列车全集中选择符合约束条件的列车进行铺画。由于运行线铺画的可能情况非常多,F^* 集合难以被穷举,在求解时采用压力测试算法,在基本运行图框架下(基本图中的运行线必须被铺画,但到发时刻可在给定范围内调整)不断加入新列车以扩充列车集合 F^*,最终可获得一个满表运行图,其中包含的列车数量 $\|F^*\|$ 即可被视为铁路的运输能力。

在扩充列车集合 F^* 时,首先依据停站方案比例,以一定的概率随机生成将要加入的虚拟列车集合 F^I,与已成功插入的列车合并生成待验证列车集合 F^Q;然后使用商业求解软件求解混合整数规划模型 3-2 验证集合 F^Q 的可行性。若可行,则将这些虚拟列车加入集合 F^*,继续加车;若不可行,则认为当前的可行列车集合 F^* 即包含了可被铺画的所有列车,压力测试结束。

模型 3-2 时间域滚动满表运行图铺画整数规划模型

$$\min g(F^Q) = \sum_{f \in F^*} (a_{\omega_f} - d_{\delta_f})$$

$$\text{s.t.} \quad 约束式(3\text{-}5) \sim 约束式(3\text{-}21) \tag{3-26}$$

其中,F^Q 为待验证可行性的列车集合,用以替换各约束式中的集合 F^*,表示测试 F^Q 是否满足约束式(3-5)~约束式(3-21)。

以上数学规划模型是大规模的组合优化问题,直接计算全天的运行图存在困难。依据编图人员编制大规模列车运行图与动车组交路计划的经验,遵循"从前往后"顺次铺画的原则,设计了分时段滚动的求解算法。该算法设置了时间宽度为 T 的滚动时间窗,每次只压力测试求解该时间窗涉及的变量。当某时间窗求解完毕后,首先固定该时间窗内所有决策变量的值,然后平移该时间窗至下一位置继续进行压力测试求解,直至完成线路全天运输能力的压力测试计算。算法的具体实现步骤如算法 3-1 所示。

算法3-1　时间域滚动算法

输入:列车运行图参数、动车组运用参数、列车备选集合。
输出:满足动车组运用约束的满表列车运行图。

步骤1:初始化。
定义滚动时间窗时间宽度为 T,据此生成滚动时间窗的开始时间序列 $t_0,t_1,\cdots,t_N$(N 为滚动时间窗数);定义 n 为时间窗的序号,令 $n:=0,F^{*(n)}:=\varnothing$。

步骤2:确定当前铺画的时间窗范围 $[t_n,t_{n+1}]$。

步骤3:筛选始发站出发时间范围与当前铺画时间窗范围有重叠的基本图列车,并将其添加至当前铺画时间窗的待验证列车集合中,即 $F^{Q(n)}:=F^{*(n-1)}\cup\{f\in F^B \mid [t_n,t_{n+1}]\cap[E_f,L_f]\neq\varnothing\}$。

步骤4:在给定待验证列车集合 $F^{Q(n)}$ 的条件下,对当前时间窗进行压力测试求解。

　步骤4.1:求解模型3-2,若模型求得可行解,令 $F^{*(n)}:=F^{Q(n)}$;否则转跳至步骤4.3。

　步骤4.2:按照给定的概率随机生成插入的虚拟列车集合 F^I,令 $F^{Q(n)}:=F^I\cup F^{Q(n)}$,转跳至步骤4.1。

　步骤4.3:无列车可加入当前时间窗,获得当前时间窗的局部最优满表运行图。

步骤5:固定当前时间窗内已经求得的变量。

　步骤5.1:固定求解结果在时间窗内的列车到发时刻变量,即满足条件 $t_n\leq a_f^s\leq t_{n+1}$ 和 $t_n\leq d_f^s\leq t_{n+1}$ 的变量 a_f^s 和 d_f^s。

　步骤5.2:固定求解结果在时间窗内的股道选择变量,即满足条件 $\{x_f^s\mid t_n\leq a_f^s\leq t_{n+1}\wedge t_n\leq d_f^s\leq t_{n+1}\}$ 的变量 x_f^s。

　步骤5.3:固定求解结果为非出入段接续的动车组接续变量,即满足条件 $\{b_{f,f'}^s\mid f,f'\in F-F_0^+-F_0^-\}$ 的变量 $b_{f,f'}^s$。

步骤6:如果全天运行图已计算完成,输出运输能力计算结果 $\|F^*\|$ 及其对应的运行图、股道运用方案和动车组接续方案,退出算法;否则向前平移时间窗至下一时段,即令 $n:=n+1$,转跳至步骤3继续求解。

在设置滚动时间窗宽度时值得注意的是:设置过长的时间窗宽度 T 会导致模型规模过大,商业求解软件在较短时间内得不到可行解;而设置过短的时间窗宽度 T,

第 3 章 考虑多资源适配的铁路运输能力计算方法

运行图在时间维度上分割过细,可能导致全局运行图质量不佳。因此,滚动时间窗宽度 T 应根据问题规模和求解器的求解效率合理设置。

3.2.3 案例分析

以京津城际铁路北京南至天津区段运输能力计算为例,验证以上模型及其算法的可行性。在本案例中暂不考虑跨线列车和北京南至于家堡长交路列车对运输能力的影响,采用的基础数据如表3-1所示。

案例基础数据　　　　　　　　　　　　　　表3-1

基础数据类别	数据描述	基础数据类别	数据描述
车站数(个)	5	中间站停站时间(min)	1
基本图列车数(列)	上行76,下行78	起动/停车附加时分(min)	2/3
追踪列车间隔(min)	6	列车开行时段	6:00—24:00
动车组立即折返时间标准(min)	16	列车最长停站时间(min)	12

算法的计算机程序利用 Visual Studio 2017 中的 C#(.NET Framework 4.5.1)语言编写,在 1 台 CPU 为 Intel Core i7-4770 3.40GHz、内存 8GB 的台式计算机上运行,混合整数规划模型的求解器采用 Gurobi 8.0.0。

(1)考虑动车组运用与股道分配的运输能力。

为了分析不同停站方案的列车备选集合列车对运输能力的影响,案例根据列车停站方案的不同,设计了 3 种加车场景。

场景 1:全部加入武清站不停站列车。

场景 2:全部加入武清站停站列车。

场景 3:按 1:1 的比例通过随机函数产生武清站停站或武清站不停站列车。

为了对比考虑动车组运用、股道分配前后运输能力计算的结果,根据考虑的资源约束不同,在模型3-1的基础上,通过松弛相关约束,设计了 4 种运输能力计算模型,以此对比考虑多种影响因素的运输能力计算结果差异。

模型 1:仅加压列车运行图[约束式(3-13)~约束式(3-21)]。

模型 2:仅考虑中间站股道分配加压列车运行图[约束式(3-13)~约束式(3-15)和约束式(3-19)~约束式(3-21)]。

模型 3:仅考虑动车组立即折返接续加压列车运行图[约束式(3-16)~约束式(3-21)]。

模型4:考虑动车组立即折返及股道分配加压列车运行图(包含所有约束)。

案例中的动车组数量按17组标准动车组给定。根据以上场景和模型划分进行交叉实验,可得到运输能力计算结果如表3-2所示。

各模型在不同停站方案下的运输能力计算结果对比　　　　表3-2

模型	列车数量(上行/下行)		
	场景1	场景2	场景3
模型1	200/208	206/208	204/208
模型2	200/207	207/207	204/207
模型3	155/156	145/147	150/152
模型4	145/145	137/139	138/139

以上结果表明,考虑动车组资源约束的运输能力计算模型的计算结果更加准确。以全部停站的方案(场景1)为例,如果仅考虑运行图约束计算运输能力,场景1上、下行列车数量分别为200列和208列。加入中间站股道分配约束后,场景1列车数量变化不大,这是因为对于城际铁路而言,中间站股道资源不是运输能力的制约因素(场景2中模型2的上行列车数比模型1多是因为算法无法保证最优性)。当加入动车组接续约束后,场景1上、下行列车数量分别降为155列和156列,该结果能够在一定程度上反映动车组数量影响了运行图运输能力的实现。如果考虑动车组立即折返作业的股道分配冲突,场景1上、下行列车数量则进一步降为145列,该结果说明在股道资源紧张的条件下,忽略立即折返作业的股道分配冲突而讨论动车组接续对运输能力的影响,将会导致计算结果偏大。以上的计算结果表明,运输能力体现为多资源协同运用下运输供给量,采用考虑多资源适配的运输能力计算模型能充分体现多资源的制约与互动,使运输能力计算结果更加贴近实际。

(2)动车组数量对运输能力的影响。

动车组的数量和配属是影响运输能力的重要因素。案例通过对动车组数量进行加压,研究动车组数量对运输能力的影响。各方案除了提供的动车组数量有所差异以外,其他的参数设置完全相同,以相等的比例插入在武清站停站或不停站的列车,并统计在不同动车组数量供给的情况下开行的列车数量及始发车站、终到车站的股道利用率,以分析动车组数量与运输能力之间的规律。

由图3-8可知,当动车组数量较少时,动车组数量是运输能力的决定因素,而区间通过能力相对较为富余,运输能力与动车组数量呈近似线性的关系;当动车组数量较多时(多于16组),区间通过能力开始成为运输能力的制约因素;当动车组数量大于22组时,运输能力不再随动车组数量的增加而增加,此时线路和车站的通过能力是运输能力的决定因素,无法通过投入更多的动车组资源提升运输能力。

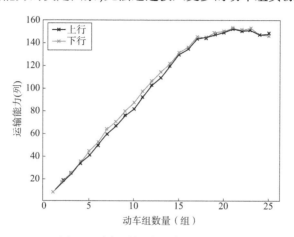

图 3-8　动车组数量与运输能力的关系

由图3-9可知,随着动车组数量的增加,动车组的折返需要占用更多的股道资源,因而始发车站、终到车站的股道利用率也随之增加。但动车组数量增加到一定程度后,每条动车交路长度变短,动车组在执行完少数几个列车任务后即迅速入段,不在终到车站产生过长时间的停留,因此股道的利用率呈不变或下降趋势。

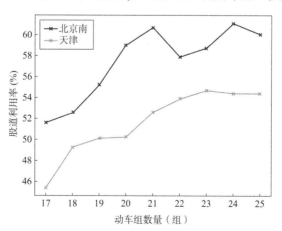

图 3-9　动车组数量与股道利用率的关系

3.3 按资源类别分解的多资源铁路运输能力计算方法

采用基于资源时空状态的建模方法可以将各种支撑列车运行的资源表示在基于网络流的模型中。为此,本节利用混杂时空网络描述固定设备资源和活动设备资源时空状态的变化与列车运行的关系,基于此构建基于网络流的铁路运输能力计算模型,提出按资源类别分解的拉格朗日松弛算法。

本节使用的数学符号说明见附录 A 的附表 A-3。

3.3.1 基于资源时空状态的铁路运输能力计算模型

1) 多资源运用的混杂时空网络

利用混杂时空网络描述固定设备资源与活动设备资源适配的铁路运输能力计算问题。基于网络流的列车运行图模型普遍将 1 条列车运行线看作时空网络上的 1 支由虚拟起始节点(origin node)到虚拟终止节点(sink node)的 0-1 商品流,不同的列车可以看作不同的商品,多个列车在时空网络上形成 0-1 多商品流。在经典模型中,这种商品代表抽象的列车。为了表示列车对动车组的占用(即动车组担当某列车),混杂时空网络将经典模型中的商品看作担当该车次的动车组。当时空弧上的流为 1 时,表示存在某 1 列动车组担当该列车。同时,为了表达动车组在列车的始发站、终到站停留(不担当任何列车),借鉴 Sherali 等提出的车辆等待弧,构建供动车组在始发车站、终到车站停留的轴线网,并将经典的列车运行图时空网络与此轴线网混合,构成混杂时空网络,以描述列车运行图与动车组周转一体化问题,用于铺画满表列车运行图计算铁路运输能力。

该混杂时空网络如图 3-10 所示。定义混杂时空网络为 $G(V,A)$,其中 V 为网络中的节点集合,A 为网络中的弧集合。混杂时空网络的节点可以分为以下几类。

(1) 动车组等待节点 $v(s,t,\omega)$。动车组等待节点在时空轴线上(如图 3-10 中的灰色竖线),表示动车组在不担当列车任务时在站等待。

(2) 动车组生成节点 $v^-(s)$ 和消失节点 $v^+(s)$。

(3) 列车服务节点 $u_f(s,t,e)$。列车服务节点表示列车 f 在 t 时刻位于车站 s 进行作业 e(在图中以灰色网格交叉点表示)。

混杂时空网的弧可以分为以下几类。

(1) 动车组等待弧 $a(v,v')$。用于表示动车组在允许折返的车站(S_{TR})的等待(不担当任何列车),动车组等待弧在动车组等待节点 $v(s,t,\omega)$ 和 $v'(s,t+1,\omega)$ 之间生成。

(2) 动车组贮存弧 $a(v^-,v)$ 和 $a(v,v^+)$。动车组贮存弧连接动车组生成节点 $v^-(s)$ 与动车组等待节点 $v(s,0,\omega)$，以及动车组等待节点 $v'(s,T,\omega)$ 与动车组消失节点 $v^+(s)$，表示动车组从动车段的"库存"中投入运用，运用结束后返回动车段"库存"中。

(3) 列车服务弧 $a_f(u,u')$。列车服务弧包括列车运行弧和列车停站弧 2 类。列车运行弧根据列车在各区间的运行时分(包括起停车附加时分)构建。在区间 (s_1,s_2) 中，列车运行弧 $a_f(u,u')$ 存在的必要条件是节点 u 为 $u_f(s_1,t,\text{Dep})$，节点 u' 为 $u_f[s_2,t+\tau_f(s_1,s_2),\text{Arr}]$。其中，$\tau_f(s_1,s_2)$ 为列车 f 在区间 (s_1,s_2) 的运行时间。列车停站弧根据列车在车站的最小、最大停站时间构建。在车站 s_1 中，列车停站弧 $a_f(u,u')$ 存在的必要条件是节点 u 为 $u_f(s_1,t,\text{Arr})$，节点 u' 为 $u_f[s_1,t+\delta_f(s_1),\text{Dep}]$。其中，$\delta_f(s_1)$ 为列车停站弧 $a_f(u,u')$ 表示的实际停站时间，根据列车在车站的最小、最大停站时间要求，有 $\delta_{\min}^{f,s_1} \leq \delta_f(s_1) \leq \delta_{\max}^{f,s_1}$。

(4) 动车组上、下线弧。动车组上线弧 $a_f(v,u)$ 存在的必要条件是节点 v 为 $v(s_f^o,t,\omega)$，节点 u 为 $u_f(s_f^o,t,\text{Dep})$；动车组下线弧 $a_f(u,v)$ 存在的必要条件是节点 u 为 $u_f(s_f^m,t,\text{Arr})$，节点 v 为 $v(s_f^m,t+\sigma,\omega)$。其中，σ 为动车组的最小折返作业时间标准。

图 3-10 中表示了 1 组动车组自车站 A 上线运行，依次担当列车 1 和列车 2，然后下线的过程。

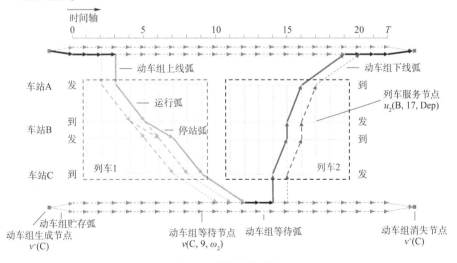

图 3-10 混杂时空网络

在混杂时空网络中,根据基于资源时空状态的建模思想,利用锁闭时间表示在时空上存在冲突的列车运行弧,进而表示列车的追踪间隔时间约束。列车运行弧对闭塞行车资源占用情况如图 3-11 所示。在图 3-11 中,运行弧途经 3 个闭塞分区,当运行弧的起点、终点确定后,其在途经闭塞分区的占用时间范围也随之确定。

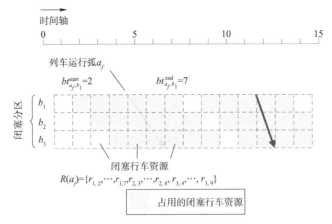

图 3-11 列车运行弧对闭塞行车资源的占用示意图

为了在离散的时间轴上表示列车的锁闭时间,定义"闭塞行车资源" $r_{b,t}$ 为:闭塞分区 b 在 t 时刻的闭塞行车资源(图 3-11 中的 1 个方块)。某个特定的列车运行弧占用一定的闭塞行车资源。例如,图 3-11 中的列车运行弧 a_f 依次进入闭塞分区 b_1, b_2, b_3,那么根据锁闭时间原理,列车运行弧 a_f 将占用闭塞分区 b_1 的闭塞行车资源 $r_{1,2}, r_{1,3}, \cdots, r_{1,7}$(包括实际占用 $r_{1,5}$,预占用 $r_{1,2} \sim r_{1,4}$,出清前占用 $r_{1,6} \sim r_{1,7}$)。

列车运行弧对闭塞行车资源的占用情况可以用以下方法确定。

(1)基于离散时间的建模方法,确定列车运行弧途经的闭塞分区,形成闭塞分区集合 $B(a)$。

(2)根据锁闭时间的计算公式,确定列车占用闭塞分区的时间范围 $bt_{a_f,b}^{\text{start}}$ 和 $bt_{a_f,b}^{\text{end}}$。

(3)根据列车占用各闭塞分区的时间范围,生成列车运行弧 a 需要占用的闭塞行车资源为:

$$R(a_f) = \bigcup_{b \in B(a)} \{ r_{b,t} \mid bt_{a_f,b}^{\text{start}} \leq t \leq bt_{a_f,b}^{\text{end}} \} \quad (3-27)$$

当列车运行弧 a_f 被选为列车 f 的列车运行弧,闭塞行车资源集合 $R(a_f)$ 中的所有闭塞行车资源均被占用。根据分析,使用锁闭时间表示的列车运行冲突约束与使用列车追踪间隔表示的列车运行冲突约束是等价的。列车追踪间隔时间与闭塞行车资源占用的关系如图 3-12 所示。

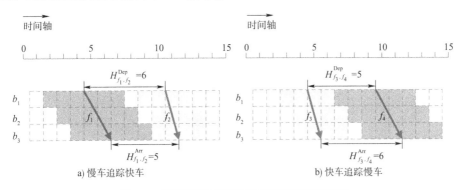

图 3-12 利用闭塞行车资源表示列车追踪间隔时间

值得注意的是,当列车在区间的运行时间确定时,追踪运行的前后行列车组合的情况有限(图 3-12 列举了两种不同区间运行时间的列车追踪的组合)。在这些组合中,往往存在一些不会发生锁闭时间冲突的闭塞分区。这些闭塞分区在求解时是冗余的,可以在求解前通过预处理移除,不再检查这些闭塞分区的锁闭时间冲突,以缩小问题规模。

这种基于资源时空状态的建模方法除了可以描述列车运行弧对闭塞分区的占用以外,还可以灵活地描述其他的固定设备资源的利用情况(如牵引供电分区的占用),具有良好的可扩展性。

2)基于网络流的能力计算模型

在以上混杂时空网络的基础上,提出基于网络流的能力计算整数规划模型。能力计算整数规划模型的目标函数是最大化总运输产出,可以表示为:

$$\sum_{f \in F} \sum_{a_f \in A_f} w_{a_f} x_{a_f} \tag{3-28}$$

其中,列车 f 的权重 w_{a_f} 的计算公式为:

$$w_{a_f} = \begin{cases} P_f - d_f(a_f) \times \alpha & \forall a_f \in AC_f^O \\ 0 & \forall a_f \in AC_f^D \\ -g_f(a_f) \times \alpha & \forall a_f \in AS_f \end{cases} \tag{3-29}$$

由式(3-29)可知,动车组上线弧的权重为列车的原始效益与列车延迟出发导致的运输产出损耗之差;动车组下线弧的权重为 0;列车服务弧的权重为与列车运行时间相关的运输产出损耗。该目标函数的意义与式(2-12)相同。

基于网络流的能力计算模型包含以下约束条件。

(1)网络流平衡约束。

对于动车组等待节点,其流平衡约束为流入的总流量(包括动车组等待弧流入与动车组下线弧流入)等于流出的总流量(包括动车组等待弧流出和动车组上线弧流出),可以表示为:

$$\sum_{a \in AE^+(v)} y_a + \sum_{a \in AC^+(v)} x_a = \sum_{a \in AE^-(v)} y_a + \sum_{a \in AC^-(v)} x_a \quad \forall v \in V^{\text{wait}} \quad (3\text{-}30)$$

对于列车服务节点,其流平衡只涉及列车服务弧,可以表示为:

$$\sum_{a_f \in AS^+(u_f) \cup AC^+(u_f)} x_{a_f} = \sum_{a_f \in AS^-(u_f) \cup AC^-(u_f)} x_{a_f} \quad \forall f \in F, u_f \in V_f^{\text{service}} \quad (3\text{-}31)$$

网络流平衡约束保证了动车组流在整个混杂时空状态网中是连续的,意味着动车组的周转在时间和空间上始终保持着连续性。其中,约束式(3-30)表示动车组上、下线与列车运行的耦合关系,是模型中非常关键的约束条件。

(2)列车唯一性约束。

$$\sum_{a_f \in AC_f^O} x_{a_f} = \sum_{a_f \in AC_f^D} x_{a_f} \leq 1 \quad \forall f \in F \quad (3\text{-}32)$$

约束式(3-32)与约束式(3-30)、约束式(3-31)共同保证1列车最多只能有1条完整的时空路径被选中。

(3)列车运行线的时空冲突约束。

$$\sum_{f \in F} \sum_{a_f \in AS_f: r \in R(a_f)} x_{a_f} \leq 1 \quad \forall r \in R \quad (3\text{-}33)$$

约束式(3-33)通过限制闭塞行车资源的占用次数,保证1个闭塞分区在同一时刻最多只能被1列车占用,使选中的列车服务弧在时空上没有冲突。

(4)动车组数量和配属约束。

$$\sum_{a \in A^-[v^-(s)]} y_a = \sum_{a \in A^+[v^+(s)]} y_a \leq E_s \quad \forall s \in S_{\text{TR}} \quad (3\text{-}34)$$

约束式(3-34)保证配属于某动车段(所)的动车组,同时上线运营的数量不超过配置总量。同时,保证该动车段(所)在运营开始和结束时,动车组数量保持一致。

以上约束条件即为能力计算整数规划模型的约束条件。当模型求得最优解时,即可得到一个同时满足运行图约束和动车组运用约束的满表列车运行图。进一步地,可以通过改写某些约束条件,以适应行车组织方法等条件不同的能力计算。例如,不考虑动车组的配属,仅考虑动车组的总量,则可以将约束式(3-34)改写为:

$$\sum_{a \in A^-[v^-(s)]} y_a = \sum_{a \in A^+[v^+(s)]} y_a \quad \forall s \in S_{\text{TR}} \quad (3\text{-}35)$$

$$\sum_{s \in S_{\text{TR}}} \sum_{a \in A^-[v^-(s)]} y_a = \sum_{s \in S_{\text{TR}}} \sum_{a \in A^+[v^+(s)]} y_a \leq E \quad (3\text{-}36)$$

如果不考虑动车段(所)在运营开始和结束时所存放的动车组数量平衡,可以进一步将约束式(3-35)松弛,仅保留约束式(3-36)。

综上所述,可以得到基于资源时空状态的铁路运输能力计算模型3-3。

模型 3-3　基于资源时空状态的铁路运输能力计算模型

$$\max \sum_{f \in F} \sum_{a_f \in A_f} w_{a_f} x_{a_f}$$

s.t.　约束式(3-30)~约束式(3-34)

该模型是一个具有能力约束的 0-1 多商品流模型。与一般具有能力约束的多商品流模型不同的是,该模型的能力约束并不是 1 条弧的能力,而是脱离弧又与弧相关的闭塞行车资源的能力。具体来说有以下特征:①1 条列车服务弧占用多个闭塞行车资源[由集合 $R(a_f)$ 体现];②多条列车服务弧可以共享同一个闭塞行车资源[由约束式(3-33)体现]。该特点导致该模型的结构比一般多商品流模型更加复杂。此外,模型的 0-1 变量总数取决于混杂时空网络的规模(由列车数量、车站区间数量、有效闭塞分区数量、规划时间长度及时间离散化精度等因素决定)。当列车数量较少时,模型可以通过商业求解软件求解。但是,当问题规模较大时,商业求解软件难以在可以接受的时间范围内求得最优解甚至可行解(具体案例分析见第 3.3.3 小节)。因此,需要根据模型的特点,研究高效率的求解方法,在最优性、求解效率、实际求解质量等性能指标上寻找平衡点。

模型 3-3 将铁路运输能力计算特征模型(模型 2-1)中的移动描述为由时空路径代表的列车运行线,利用闭塞行车资源描述固定设备资源的状态和利用规则,利用混杂时空网络上的流描述活动设备资源的状态和利用规则,体现了对特征模型中资源要素的演绎。

3.3.2　按资源类别分解的拉格朗日松弛算法

模型 3-3 中,固定设备资源的利用(列车运行图)与活动设备资源的利用(动车组运用)是通过网络流进行耦合的[约束式(3-30)],同时考虑这两种资源的分配比较复杂,难以采用高效的方法求解。然而,模型除了约束式(3-30)以外,其余的约束条件均只涉及 1 类资源,因而从约束式(3-30)着手,在时空网络上将不同类别的资源进行解耦,从而实现按资源类别的分解。

1)拉格朗日对偶问题的构造

模型 3-3 中,由于约束式(3-30)将变量 x_a 与变量 y_a 关联在一起,即将列车运行图与动车组运用二者耦合,因而认为约束式(3-30)是困难约束。根据拉格朗日松弛原理,可以针对该约束构造拉格朗日对偶问题。首先,松弛该约束,并利用该约束构造拉格朗日松弛问题如模型 3-4 所示。

模型 3-4 模型 3-3 的拉格朗日松弛变形

$$\max \sum_{f \in F} \sum_{a \in A_f} w_a x_a + \sum_{v \in V^{\text{wait}}} \rho_v \times [\sum_{a \in AE^+(v)} y_a + \sum_{a \in AC^+(v)} x_a - \sum_{a \in AE^-(v)} y_a - \sum_{a \in AC^-(v)} x_a]$$

$$\text{s.t.} \quad 约束式(3-31) \sim 约束式(3-34) \tag{3-37}$$

式中：ρ_v——拉格朗日乘子。

将式(3-37)按变量 x_a 和 y_a 合并同类项，可以得到：

$$\max \sum_{f \in F} \sum_{a \in A_f} \phi_a x_a + \sum_{a \in AE} \psi_a y_a \tag{3-38}$$

其中：

$$\phi_a = \begin{cases} w_a & \forall a \in AS_f \\ w_a + \sum_{v: a \in AC^+(v)} \rho_v - \sum_{v: a \in AC^-(v)} \rho_v & \forall a \in AC_f \end{cases} \tag{3-39}$$

$$\psi_a = \sum_{v: a \in AE^+(v)} \rho_v - \sum_{v: a \in AE^-(v)} \rho_v \tag{3-40}$$

当约束式(3-30)被松弛后，变量 x_a 和 y_a 已经没有关联约束。同时，目标函数中的变量 x_a 和 y_a 是线性加权求和的关系，因而该模型可以被分解为两个独立的子问题。

子问题 1 为列车运行图子问题，可以写成模型 3-5 的形式。

模型 3-5 固定设备资源子问题——列车运行图子问题

$$\max \sum_{f \in F} \sum_{a \in A_f} \phi_a x_a$$

$$\text{s.t.} \quad 约束式(3-31) \sim 约束式(3-33) \tag{3-41}$$

式中：ϕ_a——经过拉格朗日乘子 ρ_v 调节的列车服务弧长。

该子问题求解可以得到列车总效益最大的列车运行图。此运行图不一定满足动车组运用约束，但通过拉格朗日乘子 ρ_v 间接地体现了运行线与动车组运用的匹配关系。

子问题 2 为动车组运用子问题，可以写成模型 3-6 的形式。

模型 3-6 活动设备资源子问题——动车组运用子问题

$$\max \sum_{a \in AE} \psi_a y_a$$

$$\text{s.t.} \quad 约束式(3-34) \tag{3-42}$$

式中：ψ_a——经过拉格朗日乘子 ρ_v 调整的动车组等待弧长。

ψ_a 间接体现了动车组等待节点处动车组的需求。由于原问题的目标函数不包含变量 y_a，动车组运用子问题的目标函数即为最大化动车组运用带来的"奖赏"。

在拉格朗日松弛问题中，拉格朗日乘子 ρ_v 具有一定的实际意义。对于动车组

等待节点 v 而言,拉格朗日乘子 ρ_v 指示了该节点的动车组资源的紧缺程度。列车运行图子问题和动车组运用子问题虽然通过拉格朗日松弛实现了"解耦",但是仍然可以依靠拉格朗日乘子 ρ_v 这个"桥梁"实现相互影响。具体而言,拉格朗日乘子 ρ_v 在列车运行图子问题和动车组运用子问题中,分别通过影响动车组上、下线弧的长度 ϕ_a 和动车组等待弧的长度 ψ_a,使子问题求解时兼顾动车组等待节点的动车组资源紧缺程度。当 $\rho_v>0$ 时,动车组等待节点 v 的动车组资源供大于求,通过改变流入、流出该节点的弧的权重,使流更加倾向于流出该节点;当 $\rho_v<0$ 时反之。

2) 拉格朗日松弛算法框架

列车运行图子问题和动车组运用子问题通过拉格朗日乘子实现相互影响,需要确定最优的拉格朗日乘子,使列车运行图子问题和动车运用子问题二者间达到平衡,求得原问题更佳的上界。寻找更优的拉格朗日乘子的过程,即为拉格朗日对偶问题的求解,通常可以采用次梯度法。利用次梯度法求解(更新)拉格朗日乘子的公式为:

$$\rho_v^{n+1} = \rho_v^n - q^n \times \left[\sum_{a \in AE^+(v)} y_a + \sum_{a \in AC^+(v)} x_a - \sum_{a \in AE^-(v)} y_a - \sum_{a \in AC^-(v)} x_a \right] \quad (3\text{-}43)$$

式中: ρ_v^n ——第 n 次迭代时的拉格朗日乘子;

q^n ——在第 n 次迭代时次梯度法的迭代步长。

$\sum_{a \in AE^+(v)} y_a + \sum_{a \in AC^+(v)} x_a - \sum_{a \in AE^-(v)} y_a - \sum_{a \in AC^-(v)} x_a$ 为当前的次梯度。根据 Fisher 的研究结论,次梯度步长 q^n 应随着迭代次数 n 的增长呈递减趋势,才能避免解的振荡。因此,设置迭代步长的计算公式为:

$$q^n = \frac{k}{1+n} \quad (3\text{-}44)$$

式中: k ——迭代步长系数(对求解的影响见第 3.3.3 小节分析)。

综上所述,拉格朗日松弛算法的步骤如算法 3-2 所示。

算法 3-2　拉格朗日松弛算法

输入:混杂时空网络 $G(V,A)$,列车运行弧对应的闭塞行车资源集合 $R(a_f)$,拉格朗日迭代步长系数 k。

输出:满足动车组运用约束的满表列车运行图。

步骤 1:初始化。

令迭代次数 $n:=0$,拉格朗日乘子 $\rho_v^0:=0$,全局下界 $Z_{LB}:=0$,全局上界 $Z_{UB}:=\infty$。

步骤 2：求解拉格朗日松弛问题。

独立地求解列车运行图子问题(按步骤 2.1)和动车组运用子问题(按步骤 2.2)。

  步骤 2.1：求解列车运行图子问题。

  利用经典的列车运行图拉格朗日松弛求解算法求解列车运行图子问题(具体步骤见算法 3-3)，获得列车运行图(满足闭塞行车资源占用约束，不一定满足动车组运用约束)，及其目标函数(即列车运行图子问题的下界 X_{LB})和上界 X_{UB}。

  步骤 2.2：求解动车组运用子问题。

  求解动车组运用子问题(具体步骤见算法 3-4)，得到动车组运用子问题的下界 Y_{LB} 和上界 Y_{UB}。

步骤 3：拉格朗日松弛解的可行化。

从步骤 2.1 获得列车运行图，移除所有未被选中的列车服务弧和动车组上、下线弧。在列车运行线给定的基础上，利用混杂时空网络求解动车组运用计划。由于该问题涉及的弧较少，可以直接利用商业求解器求解。求解得到可行的满表列车运行图(同时满足闭塞行车资源占用约束和动车组运用约束)，其目标函数值即为原问题的下界 Z_{LB}。

步骤 4：计算上、下界的相对误差。

计算全局上界(拉格朗日松弛问题的目标函数值)$Z_{UB} := X_{UB} + Y_{UB}$。由于两个子问题间没有相互关联的约束条件，全局上界等于两个子问题的上界之和。计算全局下界(可行解原问题目标函数值)Z_{LB}，即为步骤 3 求得的可行解的目标函数值。

计算上、下界的相对误差 $\varepsilon := (Z_{UB} - Z_{LB})/Z_{UB}$。

步骤 5：更新拉格朗日乘子。

利用式(3-43)更新拉格朗日乘子 ρ_v^{n+1}。

利用式(3-44)更新迭代步长 q^{n+1}。

令 $n := n + 1$。

步骤 6：算法终止条件判断。

如果满足条件 $n > N_{max}$(最大迭代次数)或 $\varepsilon < \varepsilon_{tolerance}$(上、下界误差的许可值)，算法终止；否则转跳至步骤 2 继续求解。

3) 列车运行图子问题求解

  在经过拉格朗日松弛算法分解后，原问题被分解为相对比较容易求解的子问题。但是，列车运行图子问题仍然是一个比较难以直接求解的问题，求解大规模的案例需要耗费大量的时间。为此,选择借鉴 Meng 等比较成熟的思路,利用另一个拉格朗日松弛算法求解列车运行图子问题。

首先,定义辅助变量 o_r 表示某一闭塞行车资源的占用次数:

$$o_r = \sum_{f \in F} \sum_{a \in AS_f: r \in R(a_f)} x_a \quad \forall r \in R \quad (3\text{-}45)$$

然后,将表示闭塞行车资源占用的约束条件松弛,构造列车运行图子问题的拉格朗日松弛问题如模型 3-7 所示。

模型 3-7 列车运行图子问题的拉格朗日松弛问题

$$\max \sum_{f \in F} \sum_{a \in A_f} \phi_a x_a - \sum_r \lambda_r \times (o_r - 1)$$

s.t. 约束式(3-31) ~ 约束式(3-32) (3-46)

式中:λ_r——列车运行图子问题的拉格朗日松弛问题的拉格朗日乘子。

此拉格朗日松弛问题可以被分解为多个独立的列车时空最短路径问题,采用最短路径算法求解,如算法 3-3 所示。

算法 3-3 求解列车运行图子问题的拉格朗日松弛算法

输入:混杂时空网络中的列车服务节点和列车服务弧构成的时空网络。

输出:运行图及运行图子问题的下界 X_{LB} 和上界 X_{UB}。

步骤 1:初始化。

步骤 2:求解列车时空最短路径。
采用拓扑排序算法计算列车时空最短路径,得到列车运行图子问题的拉格朗日松弛解。

步骤 3:运行图可行化。
应用算法 3-5 将步骤 2 求解得到的列车运行图子问题的拉格朗日松弛解可行化。

步骤 4:计算上、下界。
根据步骤 2 得到的列车运行图子问题的拉格朗日松弛解,计算运行图子问题的上界 X_{UB};根据步骤 3 计算得到的列车运行图子问题可行解,计算列车运行图子问题的下界 X_{LB}。

步骤 5:返回列车运行图及其上、下界至算法 3-2。
返回列车运行图子问题的可行解,以及列车运行图子问题上界 X_{UB} 和下界 X_{LB}。

为了加速列车运行图子问题的求解过程,在步骤 2 中完成列车运行图子问题的拉格朗日迭代过程,而运行图可行化在求解列车运行图子问题中只进行 1 次。

4）动车组运用子问题求解

动车组运用子问题没有困难的约束，是一个相对简单的 0-1 规划问题，可以使用简单的算法求解，如算法 3-4 所示。

算法 3-4 求解动车组运用子问题

输入：包含动车组等待弧的网络。
输出：选中的动车组等待弧，及其对应的动车组运用子问题的下界 Y_{LB} 和上界 Y_{UB}。

步骤 1：初始化。
For 车站 $s \in S_{TR}$
  For 车站的股道 ω
    If $\rho_{v(s,0,\omega)} > 0$
      令 $y_{a[v^-(s),v(s,0,\omega)]} = 1, i := i + 1$
    If $i > E_s$
      Break
  End For
End For

步骤 2：选择动车组等待弧。
For 车站 $s \in S_{TR}$
  For 车站的股道 ω
    For $t := 0, 1, \cdots, T$
      找到 $a[v(s,t,\omega), v''(s,t+1,\omega)]$，和 $a'[v'(s,t-1,\omega), v(s,t,\omega)]$
      令 $y_a = \begin{cases} 1, & \psi_a > 0 \\ 0, & \psi_a < 0 \\ y_{a'}, & \psi_a = 0 \end{cases}$
    End For
  End For
End For

步骤 3：计算上、下界。
根据步骤 2 的求解结果，计算动车组运用子问题的下界 Y_{LB} 和上界 Y_{UB}。

步骤 4：返回动车组运用及其上、下界至算法 3-2。
返回动车组运用子问题选中的动车组等待弧，以及动车组运用子问题的上界 X_{UB} 和下界 X_{LB}。

第3章 考虑多资源适配的铁路运输能力计算方法

5）拉格朗日松弛解的可行化——考虑运行图致密程度的启发式方法

在算法 3-3 中,步骤 3 求解得到的列车运行图很可能是不可行的,因此需要采用启发式算法对列车运行图进行可行化。常见的可行化方法包括:①对算法 3-3 中步骤 3 得到的列车运行图进行适当调整,以疏解列车运行图上的冲突;②以算法 3-3 中步骤 3 得到的拉格朗日乘子为依据,采用按顺序依次铺画和固定运行线的方式,重新铺画可行的运行图;③以方法②得到的运行图为基础,采用邻域搜索的策略,移除部分运行线,再尝试加入新的运行线,以提高运行图的铺画质量。但是,这些启发式方法均是针对一般的列车运行图优化问题设计的,应用于能力计算所需要铺画的满表列车运行图中存在一定的困难。由于无法控制列车铺入运行图的顺序,这种按顺序依次铺入列车运行线的方式在铺画初期能力利用不集约,难以控制列车运行线间的能力浪费,容易导致铺画的列车运行线间产生大量"碎片",降低能力计算结果的质量。受到能力计算的运行图压缩法的启发,提出一种考虑运行线"致密程度"的启发式方法,在算法 3-3 的步骤 3 中对拉格朗日松弛解可行化。

考虑运行线致密程度的启发式方法是一种基于定序优化的启发式算法,按照一定的顺序逐一向运行图中加入列车运行线并固定运行线位置,直至所有的运行线都被加入运行图,或无法再向运行图中加入运行线为止。与一般的基于定序优化的启发式算法不同的是,考虑运行线致密程度的启发式算法的列车加入顺序取决于列车运行线的致密程度。

列车运行图致密程度检测范围如图 3-13 所示。图 3-13 中的加粗多边形边界即为致密程度检测范围的边界。该致密程度检测范围的确定与列车运行弧所占用的闭塞行车资源的确定方式类似,对于列车运行弧 a_{f^*},其致密程度检测范围覆盖的闭塞行车资源的计算公式为:

$$R_{\text{Border}}(a_{f^*}) = \bigcup_{b \in B(a_{f^*})} \{r_{b,t} \mid bt^{\text{start}}_{a_{f^*},b} - \Delta \leqslant t \leqslant bt^{\text{end}}_{a_{f^*},b} + \Delta\} \tag{3-47}$$

式中:Δ——致密程度检测的敏感程度。

根据致密程度检测范围,定义列车 f 的运行线致密程度 $\mathcal{J}_{f^*}$ 为:

$$\mathcal{J}_{f^*} = \sum_{a \in AS_{f^*}} \sum_{r \in R_{\text{Border}}(a)} o_r \tag{3-48}$$

式中:f^*——待检测致密程度的列车;

o_r——闭塞行车资源 r 的占用次数。

式(3-48)表示的含义为列车 f^* 的运行弧致密程度检测范围覆盖的闭塞行车资源中已经被占用的数量。如图 3-13 所示,列车运行弧 a^* 的致密程度检测范围内,覆盖了 3 个已经被占用的闭塞行车资源(由已经铺画的列车运行弧 a 占用),则

列车运行弧 a^* 的致密程度为 3。列车的致密程度为列车所有运行弧的致密程度之和。

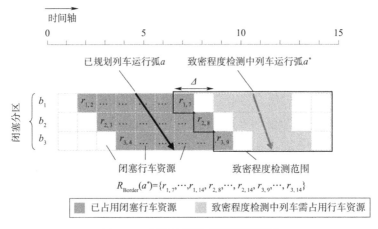

图 3-13 列车运行图致密程度检测范围

在决定列车运行线铺画顺序时,还需要考虑列车的效益,因为很可能存在一定数量的列车无法铺画,需要决定铺画哪些列车、放弃哪些列车。为此,在决定铺画顺序时,还应考虑列车的初始运输产出,计算综合铺画顺序指数:

$$\Theta_f = \mathcal{J}_f + P_f \times c \quad (3\text{-}49)$$

式中:c——列车初始运输产出与致密程度的换算系数。

图片"基于列车致密程度的启发式方法"请扫描二维码查阅。

根据列车致密程度的定义,给出基于列车致密程度的启发式方法步骤。基本步骤如算法 3-5 所示。

基于列车致密程度的启发式方法

算法 3-5 基于列车致密程度的运行图可行化启发式算法

输入:由算法 3-3 得到的列车运行弧及动车组上、下线弧。

输出:可行的列车运行弧及动车组上、下线弧。

步骤 1:初始化。

设 $F_\text{scheduled}$ 为已规划列车集合,令 $F_\text{scheduled} := \varnothing$。

设 $F_\text{not\_yet\_scheduled}$ 为尚未规划列车集合,令 $F_\text{not\_yet\_scheduled} := F$。

当前运行图为 G^*。

步骤 2:计算列车运行线致密程度。

For 列车 $f^* \in F_\text{not\_yet\_scheduled}$

利用最短路径算法,将列车 f^* 铺画入当前运行图 G^*

利用式(3-48)计算列车 f^* 的致密程度 J_{f^*}

根据式(3-49)计算列车综合铺画顺序指数 Θ_{f^*}

End For

步骤 3:选择下一列铺画的列车。

在集合 $F_{\text{not\_yet\_scheduled}}$ 中选择具有最大列车综合铺画顺序指数 Θ_f 的列车 f。

步骤 4:铺画选中列车至运行图中。

考虑列车 f 与已铺画列车($F_{\text{scheduled}}$ 集合中列车)的冲突,铺画选中的列车 f 到运行图 G^* 中。

步骤 5:后处理。

从集合 $F_{\text{not\_yet\_scheduled}}$ 中移除列车 f。

If 列车 f 在步骤 4 成功被铺画

将列车 f 占用的闭塞行车资源标记为"占用"

将列车 f 加入集合 $F_{\text{scheduled}}$

End If

如果 $F_{\text{not\_yet\_scheduled}} = \varnothing$,跳转至步骤 6;否则转跳至步骤 2。

步骤 6:返回可行列车运行图至算法 3-3。

致密程度 J_f 可以用于表征待铺画的列车运行线与已铺画的列车运行线之间的能力利用匹配程度。致密程度越高,说明待铺画列车与已铺画列车可以尽可能地紧凑铺画,充分利用运行图上的空间;而致密程度越低,说明待铺画列车与已铺画列车之间能力浪费越大。基于列车致密程度的启发式算法在向运行图中逐一铺入列车运行线时,利用致密程度决定列车铺画顺序,可以保证每一次铺入的列车运行线都能够与已经铺入的列车运行线尽可能紧凑,在定序铺画的全过程中保持固定资源的集约利用,从而达到提升列车运行图铺画质量的目的。

3.3.3 案例分析

以京津城际铁路为例,验证以上基于资源时空状态的模型与算法在计算考虑多资源的能力时的效果。以上算法使用 C#语言编程(运行时为.NET Framework 4.5.1),在一台 CPU 为 Intel Core i7-4770、内存 8GB 的台式计算机上运行,算法中调用的商业求解器为 Gurobi 8.1.1。

图片"案例分析路网及列车开行方案(每小时)"请扫描二维码查阅。该图片采用京津城际铁路(北京南—于家堡,含南仓城际联络线至天津西)的数据。采用实际铺画列车运行图的列车追踪间隔时间 6min,动车组在始发车站、终到车站的立即折返作业时间标准统一采用 12min。

案例分析路网及列车开行方案(每小时)

案例分析的规划时间范围为 180min。除了参数分析部分以外,算法默认采用以下参数设置:$k=1, \alpha=1.0, c=1.0$。迭代次数上限设为 100。

在案例分析中,采用以下术语描述不同条件下求解得到的解及其目标函数值。

(1) 取决于固定设备资源的能力。表示只取决于固定设备资源的能力,即传统定义的"区间通过能力"。该能力值通过铺画满表列车运行图(不考虑动车组周转)得到。

(2) 取决于活动设备资源的能力。表示只取决于活动设备资源的能力。该能力值通过铺画不考虑闭塞行车资源约束的列车运行图(有冲突),再勾画动车组交路得到。

(3) 拉格朗日松弛界(上界)。拉格朗日松弛模型(模型3-4)的解,是原问题的上界。

1) 算法性能分析

比较分析采用商业求解软件 Gurobi、第 3.2.2 小节提出的时间域滚动算法与采用本章提出的拉格朗日松弛算法在求解不同规模问题时的质量和效率,如表 3-3 所示。

算法求解质量和效率比较(25 组动车组)　　　　表 3-3

时间轴长度(min)	Gurobi			时间域滚动算法		拉格朗日松弛算法			
	目标函数值	求解时间(s)	上、下界相对误差(%)	目标函数值	求解时间(s)	首个可行解目标函数值	首个可行解求解时间(s)	最优目标函数值	总求解时间(s)
60	808	1	0.00	808	26	496	3	788	375
120	2168	530	0.00	2168	65	2021	5	2062	695
180	3560	3600	0.81	3483	83	3178	9	3364	1189
240	4813	3600	4.43	4690	157	4297	12	4598	1610
300	5836	3600	12.03	5801	178	5294	17	5829	2173
360	5970	3600	26.47	6369	232	6347	22	6965	2839

第 3 章 考虑多资源适配的铁路运输能力计算方法

续上表

时间轴长度(min)	Gurobi			时间域滚动算法		拉格朗日松弛算法			
	目标函数值	求解时间(s)	上、下界相对误差(%)	目标函数值	求解时间(s)	首个可行解目标函数值	首个可行解求解时间(s)	最优目标函数值	总求解时间(s)
420	314	3600	>100	8002	315	7434	27	8150	3455
480	314	3600	>100	9002	366	8643	33	9233	3600
540	—	3600	—	9886	415	9748	39	10312	3600
600	—	3600	—	10835	465	10718	46	11501	3600
660	—	3600	—	11842	509	11846	54	12646	3600
720	—	3600	—	12732	542	12846	62	13799	3600
780	—	3600	—	13107	591	14120	70	14797	3600
840	—	3600	—	15023	623	15212	79	15827	3600
900	—	3600	—	16107	655	16230	89	16736	3600

注:"—"表示在3600s的求解时间内,未能获得有价值(目标函数值不为0)的可行解。

由表3-3可知,当问题时间规模较小时,Gurobi可以在很短的时间内求得最优解;而随着问题规模的扩大,采用Gurobi求解的效率和质量下降。当问题时间轴长度达到420min时,解的质量已经不能满足要求;当问题时间轴长度达到540min时,无法求得有实际意义的可行解。而采用拉格朗日松弛算法求解,当规模较小时,虽然不能求得最优解,但是求解质量可以达到Gurobi最优解的95%以上;当问题规模较大时,拉格朗日松弛算法仍然可以在较短的时间内求得可行解,对大规模的铁路运输能力分析具有比较重要的现实意义。运营管理人员可以在较短的时间内粗略得知大概的运输能力值,以辅助决策。对比第3.2.2小节提出的按时间域分解算法可以看出,时间域分解算法在求解小规模问题时可以在较短的时间内求得质量较好的解,但是随着问题规模的扩大,拉格朗日松弛算法在求解质量上更有优势,且可在很短的时间内获得首个可行解,可以帮助相关人员快速得知运输能力的大致估计值,也可在获得满意解后随时暂停,不必等待求解完全结束。

虽然整数规划拉格朗日松弛算法无法保证收敛性,但仍可以通过分析拉格朗日松弛解(上界)与可行解(下界)的变化情况,以确定拉格朗日松弛算法的收敛趋势。在本案例中,不同的迭代步长系数k会导致明显的收敛差异。为此,采用不同的迭代步长系数k进行求解,分析收敛趋势的差异,以选定收敛效果最好的迭代步长系数。

图片"拉格朗日松弛算法上、下界收敛趋势"请扫描二维码查阅。由该图片可知,拉格朗日松弛算法的上界与下界随着迭代不断收敛。迭代步长系数 k 取值越小,其上界的质量越好,而过大或过小的迭代步长系数都会导致上界求解结果质量不佳。从可行解质量的角度出发,本案例应该采用 $k=1$ 的迭代步长系数,以保证可行解的质量。

拉格朗日松弛算法上、下界收敛趋势

为了说明本节提出的基于致密程度的列车运行图可行化启发式算法的优势,比较以下几种定序铺画运行线的列车运行图可行化的方法。

(1)随机顺序。列车运行线铺画的顺序通过生成随机数的方式确定。

(2)致密程度。按致密程度 $\mathcal{J}_f$ 降序铺画列车运行线。

(3)初始运输产出。按列车初始运输产出 P_f 降序铺画列车运行线。

(4)拉格朗日乘子。按列车运行线在拉格朗日松弛问题中占用的闭塞行车资源的拉格朗日乘子 λ_r 和降序铺画列车运行线。

(5)综合铺画顺序。按综合铺画顺序指数 Θ_f 降序铺画列车运行线。

图片"不同列车运行图可行化启发式算法求解质量"请扫描二维码查阅。该图中,浅色部分代表首个可行解目标函数值,深色部分代表最终求解得到的目标函数值,红色虚线表示不考虑动车组运用可实现的通过能力。由图可知,无论采用何种启发式方法,拉格朗日松弛算法迭代对于提高可行解质量均有帮助。其中,按综合铺画顺序铺画的列车运行图可行解质量最佳,求解质量平均比其他启发式方法高 7.62%。按初始运输产出铺画和按致密程度铺画的质量次之(按致密程度铺画稍好),这是由于这两种启发式算法在确定列车铺画顺序的时候考虑的因素比较片面,按初始运输产出铺画顺序和"贪心"策略优先铺画初始运输产出较大的列车,而忽略了列车运行图结构造成的能力浪费;按致密程度铺画则刚好相反,过于关注列车运行图结构而忽略了运行线本身的初始运输产出。按拉格朗日乘子顺序铺画的运行图质量最差,因其没有考虑通过能力的集约利用,导致部分运行线没有足够的铺画空间。

不同列车运行图可行化启发式算法求解质量

2)动车组运用对运输能力影响分析

计算不同动车组运用数量对应的运输能力,可以得到运输能力与动车组运用数量的关系如图 3-14 所示。

图 3-14 中,实曲线表示不同动车组运用数量下满表运行图总运输产出。由此可见,满表运行图的运输能力会随着动车组运用数量的增加而增长,但是增长的幅

度随动车组运用数量的增加呈递减趋势。当动车组运用数量达到22组后,运输能力不再随之增长,说明当动车组数量小于22组时,运输能力的主要制约因素是活动设备资源,而当动车组数量大于或等于22组时,运输能力的主要制约因素是固定设备资源。

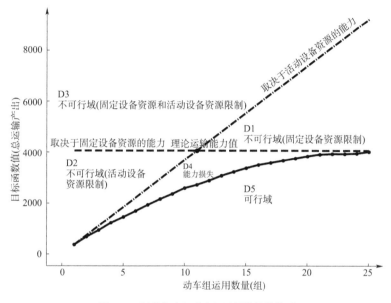

图3-14 运输能力与动车组运用数量的关系

图3-14中,虚线和点画线分别表示"取决于固定设备资源的能力"与"取决于活动设备资源的能力"。其中,虚线是由原模型松弛动车组数量约束铺画满表列车运行图计算得到;点画线是由原模型松弛列车追踪间隔时间约束铺画满表列车运行图得到。二维坐标轴可以被这3条曲线划分为5个区域。虚线和点画线的交点为理论运输能力值,表示理想的固定设备资源与活动设备资源匹配点。然而,同时考虑固定资源和活动资源约束铺画得到的满表运行图,计算得到的运输能力不会超出实曲线范围(仅限于D5区域),虚线和点画线与实曲线之间的区域(D4区域)表示理论上固定设备资源和活动设备资源适配下的运输能力与满表运行图表示的实际运输能力的差异。这个区域的存在是由于固定设备资源与活动设备资源进行适配时产生的能力损失。例如,动车组在始发站、车站出段到出发存在长短不一的等待时间,导致时间轴长度范围内动车组不能自始至终投入运营。另外,由于区间设备资源的限制,动车组在折返车站的停留时间往往略大于最小折返作业时间标准,影响时间轴范围内动车组可完成周转次数。动车组资源的阶段性、方向性短缺

也会导致能力损失。

3) 动车段(所)的布局对运输能力的影响

动车段(所)的布局及其配属的动车组数量也会对运输能力产生一定的影响。实际运营中,可以采用空车回送的方式在不同的车站间调拨动车组资源。但是,采取调拨的方式需要在运行图中铺画动车组回送运行线,占用宝贵的固定设备资源,不宜在高峰小时采用。为此,假设不允许动车组在车站间调拨,分析不同的动车段(所)的布局与动车组配属数量对运输能力的影响。图片"不同动车段(所)布局对运输能力的影响"请扫描二维码查阅。该图片显示,当不允许动车组调拨时,只运用北京动车段(所)的运输能力比运用北京、天津两个动车段(所)的运输能力下降接近1/2,而增设天津西、于家堡等动车存放设备对运输能力的影响不明显。这是因为采用北京、天津动车段(所)可以满足京津城际铁路北京南—天津区段列车大量对开的要求。进一步分析在各种动车段(所)布局方式下各动车段(所)的最优配属数量。不同动车组配属数量对运输能力的影响如表 3-4 所示。

不同动车段(所)布局对运输能力的影响

动车组配属数量对运输能力的影响　　　　表 3-4

动车段(所)布局	动车组运用数(组)	各动车存放地点配属数(组)				总运输产出	总列车数(列)
		北京南	天津	天津西	于家堡		
北京南—天津—于家堡(天津西)	5	5	0	0	0	1227	19
	10	10	0	0	0	1846	31
	15	15	0	0	0	2128	36
	20	20	0	0	0	2162	37
北京南—天津—于家堡(天津西)	5	3	2	0	0	1406	19
	10	5	5	0	0	2387	36
	15	6	9	0	0	2997	48
	20	10	10	0	0	3271	55
北京南—天津—于家堡(天津西)	5	3	2	0	0	1406	19
	10	5	5	0	0	2387	36
	15	6	9	0	0	3050	48
	20	10	9	1	0	3440	59

第 3 章　考虑多资源适配的铁路运输能力计算方法

续上表

动车段(所)布局	动车组运用数(组)	各动车存放地点配属数(组)				总运输产出	总列车数(列)
		北京南	天津	天津西	于家堡		
天津西～北京南～天津～于家堡（Y型布局）	5	2	2	0	1	1457	18
	10	5	3	0	2	2589	35
	15	5	7	0	3	3314	50
	20	8	8	0	4	3714	60
北京南～天津～于家堡，天津西支线	5	2	2	0	1	1457	18
	10	5	3	0	2	2589	35
	15	5	7	0	3	3370	50
	20	7	8	1	4	3838	62

由表 3-4 可知,对应不同的动车段(所)布局,存在对于运输能力而言最优的动车组配属方式。最优动车组配属的基本规律是:尽可能地平衡北京南与天津动车段(所)的动车组配属数量,使高峰期开始时列车即可大量对开;同时,保留一定数量的列车在于家堡站(如安排动车组提前抵达,在到发线上等候),使高峰期开始时列车可以直接从于家堡站始发。

4) 动车组数量约束下追踪间隔时间对运输能力的影响

列车追踪间隔时间直接影响区间的通过能力。然而,活动设备的运输能力一方面受到动车组运用约束的影响,另一方面又受到列车追踪间隔时间的影响。在二者作用下,列车追踪间隔时间与运输能力的关系比较复杂。铺画不同追踪间隔时间下的满表运行图,分析在动车组运用约束下,追踪间隔时间对运输能力的影响,可以得到不同追踪间隔时间对运输能力的影响如图 3-15 所示。

由图 3-15 可知,当动车组数量较少时,活动设备资源是运输能力的主要制约因素,此时追踪间隔时间对运输能力的影响不明显;而当动车组数量较多时,追踪间隔时间将会在小于某一阈值时成为运输能力的制约因素,这一阈值可以从图 3-15 中的表示动车组数量不限时的运输能力(即通过能力)的虚线与表示动车组数量限制条件下的运输能力的实线的分叉点得到。例如,当动车组数量为 25 组时,当追踪间隔时间大于 7min 时,运输能力的曲线与通过能力的曲线基本重合,表示运输能力的制约因素为固定设备资源;而当追踪间隔时间小于 7min 时,表示通过能力的虚线与表示运输能力的曲线出现分歧,这意味着活动设备资源随着追踪间隔的缩小,逐渐成为运输能力的制约因素。

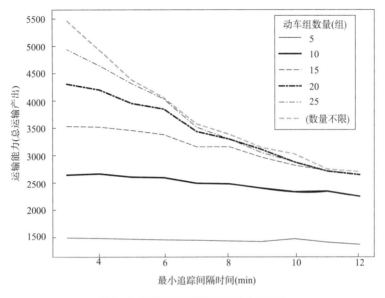

图 3-15 追踪间隔时间对运输能力的影响

此规律表明,固定设备资源与活动设备资源的适配关系会随着其中一方的参数改变而发生改变,在采取能力加强措施(如改造信号设备以缩短追踪间隔时间)时,需要充分考虑不同资源间的适配关系,适当补强其他资源,使能力加强措施达到最佳效果。

3.4 本章小结

本章针对多种铁路运输资源适配问题,梳理铁路运输资源运用的典型建模方式和大规模问题的分解方法;将各类铁路运输资源建模方法归纳为"基于资源请求冲突"和"基于资源时空状态"2类,将大规模分解方法归纳为按时空域、按时空路径、按资源类别分解3类。采用两种方法解决固定设备资源和活动设备资源适配下的铁路运输能力计算问题,分别为考虑区间、车站到发线、动车组资源适配,构建基于资源请求冲突的铁路运输能力计算模型,采用时间域滚动算法求解;采用混杂时空网络描述区间和动车组资源适配,构建基于资源时空状态的铁路运输能力计算模型,采用拉格朗日松弛算法实现按资源类别分解的求解算法。案例分析表明:考虑多资源适配的能力计算方法能够计算得到固定资源和活动资源适配下的铁路运输能力,对运输资源尤其是活动资源的投入具有一定的指导意义。

第4章 考虑多粒度资源运用协调的铁路运输能力计算方法

铁路网由车站、区间及其连接关系构成。其中,车站是铁路网的节点,是列车进行技术作业的主要场所,区间是铁路网的路段,供列车运行以实现位移。由于列车的运行过程在时间和空间上均是连续的,车站和区间的运输能力利用关联性强,因而在计算铁路运输能力时,需要从路网整体的角度出发,以列车运行时空路径为纽带,准确表达路网中车站、区间能力利用的时空关联性,计算结果才能准确地反映铁路运输系统在资源运用协调下的运输能力。

在铁路网中,"点"指铁路网的局部元素(如车站、区间),"线"指多个设备连接而成的铁路线路。点和线所反映的铁路运输系统尺度不同,因而在铁路运输能力计算中需要针对点和线分别采用不同粒度的建模方法。在研究点的能力时,可以采用细粒度的模型描述列车在点内部的具体作业过程;而在研究线的能力时,则需要对点的作业过程进行抽象和简化(如用运行图上的间隔时间表示车站进路冲突约束),以便描述线上的作业协调关系。这种简化处理可能会忽略点上的能力利用细节,导致能力计算结果不能准确反映点、线作业协调下的运输能力。

针对此问题,可以采用多粒度的建模方式,分别利用较粗粒度模型和较细粒度模型,描述列车在线和点上的运行过程,再通过构建不同粒度模型之间的关联约束,保持较粗、较细粒度模型中列车运行过程的一致性。因此,本章提出利用多粒度的时空网络表达列车在铁路网的运行过程,即利用宏观和微观的方式分别表达列车在线路的运行和在车站的作业,分析列车的宏观运行过程与微观运行过程的一致性关系,实现列车运行过程在不同粒度网络的统一表达,并基于此构建基于多粒度路网的能力计算模型,提出面向粒度自适应的行生成算法求解,以解决运输能力计算中"大尺度"与"小尺度"的矛盾。

本章研究的铁路运输能力取决于车站、区间等固定设备资源的运输能力,虽然在计算过程中考虑了动车组立即折返与车站到发线运用的关系,但在计算过程中始终提供充足的动车组数量,活动设备资源不是能力的限制因素,因而本章计算的运输能力仍属于通过能力范畴。

本章使用的数学符号说明见附录A的附表A-4。

4.1 铁路点、线能力利用协调下的运输能力计算问题

4.1.1 区间通过能力

线能力通常指区间通过能力。在研究区间通过能力时,往往将固定设备资源的占用条件描述为列车进入区间(从车站出发)、离开区间(到达车站)的最小间隔时间。例如,在高速铁路上,《高速铁路列车间隔时间查定办法》(Q/CR 471—2015)(以下简称《查定办法》)规定了编制列车运行图时需要查定的追踪间隔时间,如图 4-1 所示。

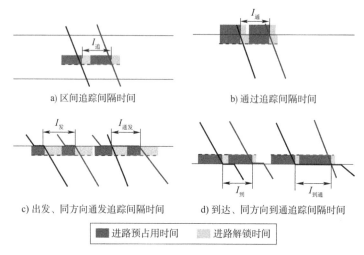

a) 区间追踪间隔时间　　　　　　b) 通过追踪间隔时间

c) 出发、同方向通发追踪间隔时间　　d) 到达、同方向到通追踪间隔时间

■ 进路预占用时间　　▨ 进路解锁时间

图 4-1　列车追踪间隔时间与占用固定设备资源时间的关系

由图 4-1 可知,列车在车站出发、到达的追踪间隔时间根据列车停站的组合分为 5 种,可以根据前后行列车占用设备的时间计算得到。将车站的进站信号机至到发线后端轨道绝缘(进站咽喉部分)和出站信号机至出站方向站界(一离去,出站咽喉部分)看作闭塞分区,分析列车到达、出发作业占用这些闭塞分区的时间构成。列车在车站办理到达或出发进路主要分为 3 个阶段:①办理进路、开放信号,等待列车驶入;②列车驶过;③列车出清,进路解锁。其中,第①阶段可以称为"预占用时间",第②、③阶段可以称为"解锁时间"。

由图 4-1 可知,列车追踪间隔时间与前后行列车占用固定设备资源(如闭塞分区)的时间有密切关联,可以根据前后列车分别占用固定设备资源的时间计算得

到。由此可见,追踪间隔时间在计算原理上与欧洲铁路研究通常采用的锁闭时间计算方法是等价的。追踪间隔时间可以分解为前车的进路解锁时间和后车的进路预占用时间。该追踪间隔时间分解将追踪间隔这一基于资源请求冲突的概念转化为设备占用时间这一基于资源时空状态的概念,是基于资源时空状态的列车运行过程表达的理论前提。

在列车运行图中,不同速度等级、停站方案的列车追踪运行,将产生以上各类追踪间隔的组合。同时,不同的列车越行策略也会影响追踪间隔时间在运行图上的分布,从而影响铁路区间通过能力。

由以上分析可知,区间通过能力不仅取决于区间追踪间隔时间,还取决于由车站接发车作业限制产生车站追踪间隔时间,是一种简化的点、线作业协调的结果。其中,取决于区间设备(如闭塞分区)的能力体现在区间追踪间隔时间($I_{追}$)中,而取决于车站设备的能力体现在车站追踪间隔时间($I_{通}$、$I_{到}$、$I_{发}$、$I_{通发}$、$I_{到通}$)中,并通过列车运行线所代表的资源利用时空关联性实现点、线作业协调。但是,在区间通过能力的影响因素中,点的能力被高度简化,特别是对于车站而言,关于车站到发线和进路资源利用的影响因素难以在区间通过能力的层面表达。

4.1.2 车站通过能力

以上区间通过能力分析中,车站追踪间隔时间($I_{通}$、$I_{到}$、$I_{发}$、$I_{通发}$、$I_{到通}$)可以简单地表达到达进路和出发进路的设备占用情况,表达了部分车站的接发车作业限制,是车站通过能力的体现。然而除此之外,列车在车站的作业间隔时间还会受到其他因素的制约,仅使用以上车站追踪间隔时间不能完整地表达列车运行过程中车站设备的占用约束。除了车站追踪间隔时间外,取决于站内设备占用的车站通过能力还受以下因素影响。

1)股道的数量及其运用方式

在同一时刻,车站内允许停留的最大列车数量受到车站股道数量的限制。其中,"允许停留"不仅指列车实际在车站停留的情况,还应包括列车尚未进入股道,但是接车进路已经开放,该股道客观上不可能被其他列车占用的情况,也包括列车离开股道但进路尚未解锁,该股道暂不能被其他列车占用的情况。为了表达列车占用股道的冲突,《查定办法》提出:利用同一条股道先后接发同方向列车,需要查定同方向列车的发到间隔时间 $\tau_{发到}$,如图 4-2 所示。

由于 $\tau_{发到}$ 是否存在取决于前后行列车是否利用同一股道办理作业,在构建车站通过能力计算的数学模型时,需要采用某种方式表达车站的股道分配计划,才能

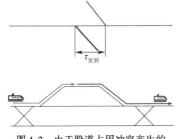

图 4-2 由于股道占用冲突产生的车站间隔时间

准确地表达车站股道的数量和运用方式对车站通过能力的影响。

2）敌对进路导致的车站间隔时间

车站在办理列车的到达和出发进路时，需要保证当前办理的进路与已经办理的进路不是敌对进路（即进路没有时间和空间上的冲突）。《查定办法》规定：含有敌对进路的车站需要查定敌对进路相对方向的列车不同时到发间隔时间 $\tau_{敌到发}$ 和列车不同时发到间隔时间 $\tau_{敌发到}$，如图 4-3 所示。

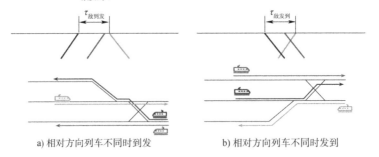

a) 相对方向列车不同时到发　　　b) 相对方向列车不同时发到

图 4-3 敌对进路导致的车站间隔时间

与 $\tau_{发到}$ 类似，由于 $\tau_{敌到发}$ 和 $\tau_{敌发到}$ 是否存在取决于接发（或发接）的相对方向列车是否选择了敌对进路进行作业，在构建车站通过能力计算的数学模型时，也需要采用某种方式表达车站的进路安排，才能准确地表达车站进路（特别是无法在运行图中通过车站追踪间隔时间表达的敌对进路）对车站通过能力的影响。

3）特殊的设备运用条件

除了车站股道选择、敌对进路选择无法在表示区间通过能力的列车运行图层面表达外，车站股道的作业限制（如上水、吸污、装卸高铁快运的股道限制）、调车作业（如动车组转线）与列车接发作业的干扰等问题也很难在列车运行图层面构建关于车站能力的约束条件。

4.1.3 点、线能力利用协调

列车运行计划的制订同时受到点能力和线能力的约束。由以上分析可知，在列车运行图层面仅利用"车站间隔时间"作为编制满表列车运行图约束条件，难以准确地计算点、线作业协调下的铁路运输能力。当点（车站）能力是线路能力瓶颈时，不考虑车站的能力影响因素计算得到的线能力与实际情况偏差很大。例如，高速铁路的枢纽站存在大量的始发、终到列车,其动车组运用通常采用立即折返方式,导致始发、终到和其他通过列车间存在大量的作业进路交叉。因此,在车站能力有可能成为线路能力瓶颈时,需要将车站通过能力与区间通过能力综合考虑,进行一体化的能力计算。

在研究铁路点、线能力利用协调问题时,既有研究往往先分开计算点和线的能力(以 d 为单位),再利用简单的能力瓶颈识别方法静态地确定能力瓶颈。这种方法忽略了列车流在点和线之间的连贯性,难以充分体现点、线能力在细粒度上的协调。王宇强等将车站间隔时间引入列车运行图的能力分析中,可以更好地考虑列车流在点和线之间的连贯性,但采用间隔时间精确表达复杂车站的作业依然有一定的困难。

综上所述,保持列车在点和线上的运行过程一致性,计算得到的运输能力才是同一运输过程的表征,才能保证运输能力在路网整体和局部的内在关联,才能体现点、线、网的作业协调。因此,在能力计算中,充分体现点、线能力利用的协调性的关键在于:保持列车运行过程在铁路不同粒度、不同局部的时间和空间一致性。这是构建多粒度铁路运输能力计算模型的基本原则。

4.2 不同粒度资源下列车运行过程建模

4.2.1 不同粒度资源下列车运行过程表达方法

铁路运输系统可根据不同的研究目的,采用不同粒度的模型表达。其中,在不同粒度的线路资源下列车运行过程的表达方法如图 4-4 所示,不同粒度的信号资源表达方式与线路资源的表达方式是相适应的,具体分析如下。

(1)超宏观路网。以铁路网中的关键节点车站(如编组站、高铁枢纽车站)作为节点,以铁路通道作为弧段,多用于研究路网规划、车流径路规划、列车编组计划等较为宏观层面的规划问题。在超宏观路网中,列车对设备占用约束的表达比较模糊,通常将某节点或某弧段的能力看作给定的值。

(2)宏观路网。以车站为节点,以区间正线为弧段,多用于研究列车运行图层面的能力计算问题。

(3)中观路网。以车站边界和股道作为节点,根据车站内进路的连通性,连接车站边界节点与股道节点形成弧段,多用于研究车站的股道分配问题。

(4)微观路网。微观路网在车站内以轨道电路的轨道绝缘等电务设备为节点,将站内的线路切分为多个弧段,以表达列车在站内的具体作业进路。在目前常见的列车运行控制系统中,微观路网中的要素是控制列车运行的最小单位。微观路网多用于精细化的车站能力研究。

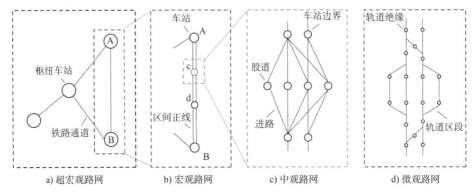

图 4-4 列车运行过程在不同粒度资源中的表达方法

基于资源的粒度,可以对应地确定列车运行过程的粒度。在选取资源和列车运行过程的表达粒度时,需要具体分析问题的主要矛盾,以及求解的精度、效率需求,采用与问题特征相适应的粒度。不同粒度能力计算模型的适用性对比如表4-1所示。

不同粒度能力计算模型的适用性对比　　表4-1

粒度资源	节点	弧段	列车运行过程	通过能力表征	适用问题	典型模型
超宏观	枢纽及关键节点车站	铁路通道	列车多商品流(弧段的流量变量)	最大通过列车数量	车流径路、编组计划、开行方案	物理网络流
宏观	车站	区间	列车运行线、时空网络多商品流	列车间隔时间	列车运行图	混合整数规划模型、时空网络流
中观	车站边界、车站股道	作业进路	列车运行线、时空网络多商品流	列车间隔时间、车站股道数量	车站股道线分配	网络流、图着色
微观	信号机、轨道电路绝缘节、道岔(理论中心)	由节点划分而成的轨道分段	车站作业进路、时空网络多商品流	轨道电路区段占用时间(车站)/闭塞分区占用时间(区间)	车站作业计划(进路计划)	时空网络流、混合整数规划

在铁路运输能力计算问题中,面向不同对象的问题通常采用不同粒度的表达方法如下。

(1)路网能力(网能力)。通常采用超宏观粒度。以边表示铁路线路,以节点表示铁路网中的关键枢纽,给定各边和各节点的通过能力作为约束条件,求解网络最大流或类似的问题来计算路网的运输能力。这种能力计算一般不依赖运行图,用于研究铁路枢纽、铁路线路的局部能力在铁路网上的协调匹配。

(2)区段通过能力(线能力)。通常采用宏观粒度。以边表示区间,以节点表示车站,给定列车的追踪间隔时间作为约束条件,求解运行图上最多能够铺画的列车数量。在研究区段通过能力时,考虑的是该区段的列车流组织,一般需要考虑运行图的铺画。

(3)车站能力(点能力)。通常采用中观或微观粒度。其中,中观粒度以进路为单位进行建模,以进路建立的间隔时间为约束;微观粒度以轨道电路区段为单位进行建模,以轨道电路区段的锁闭时间为约束。中观或微观粒度模型可用于求解车站作业层面的运输能力。

4.2.2 多粒度列车运行过程建模思路

根据以上对不同粒度建模方法的分析可知,在分别研究点、线、网能力时,可以权衡求解精度与求解难度,合理地选取适合的粒度。但是,在研究点、线能力利用协调这类具有多重对象的问题时,需要慎重考虑选取资源和列车运行过程的粒度。

宏观粒度适用于大规模的能力计算问题,但是由于宏观粒度的模型忽略了很多影响能力的细节因素(如以车站—区间为单位的宏观模型无法表达车站接发车进路冲突干扰导致的能力衰减),影响能力计算结果的精度。尤其在面对车站能力是全路网运输能力瓶颈时,宏观粒度无法非常准确地表达车站作业过程,会导致能力计算的结果与实际偏差较大。相反,微观粒度能够非常细致地表达列车的运行过程(如列车进路选择、轨道电路占用等),获得相对准确的能力计算结果,但在问题规模非常庞大时,采用微观粒度模型会大大增加计算负荷。

面对铁路运输能力"大尺度"与"小尺度"的矛盾,不同粒度模型计算得到的运输能力是同一个铁路运输系统的不同视角的测度,是同一个铁路运输系统生产作业流程在不同层次的表达方法上的投影。因此,各个粒度的能力计算结果应该具有一致性,即不同粒度得到的能力计算结果应该是严格对应的。但是,在应用具体的能力计算方法测算铁路运输能力时,不同粒度的计算结果存在一定的偏差。例如,宏观粒度中追踪间隔时间约束,是由微观粒度中前后行列车锁闭时间约束计算得到的。但是由于宏观粒度网络无法表达列车的进路选择，因此无法确定进路是否为敌对进路，从而无法通过追踪间隔时间准确地表达敌对进路作业间隔时间。这些偏差的产生，是因为粗粒度计算约束条件是细粒度计算约束条件的抽象结果，在进行抽象时，很可能造成失真。当微观粒度的列车运行过程比较复杂，且这些无法被宏观粒度约束表达的因素成为运输能力的决定性因素时，宏观粒度的能力计算偏差尤为明显。

为了解决以上问题，比较常用的策略是将粗粒度的问题按照空间划分为若干个独立的区域，再根据各独立区域的特点确定该区域需要采用的模型粒度，如对于车站-区间的网络，先使用宏观粒度计算不考虑车站进路冲突的区段通过能力，再使用微观粒度将车站节点展开，计算车站运输能力，最后对区段通过能力进行修正。但是，这种做法一方面会导致各子区域间的联系被强制割裂，不考虑相邻区域一致性问题计算得到的子区域能力往往比实际情况偏大；另一方面，利用微观能力计算结果修正宏观能力计算结果的反馈机制需要精心设计，不同粒度间的能力计算结果一致性难以保证。

为此，需要采用一种灵活确定粒度资源的方法，在线上使用宏观粒度表达，在点上有必要时使用微观粒度表达，充分发挥不同粒度路网的优势，同时最大限度保留点与线的能力利用的统一性和关联性。因此，本章采用多粒度的列车运行过程建模方法，结合宏观粒度与微观粒度的优点，利用宏观粒度大致确定能力的利用局面，然后利用微观粒度着重处理容易发生微观资源占用冲突的车站到发线、进路等局部，以实现微观和宏观粒度的一体化计算。

多粒度的列车运行过程模型具有以下特性。

(1) 能够表达多粒度的列车运行过程。

(2) 能够在多粒度的模型中，体现粒度间列车运行过程的一致性。

(3) 求解过程不改变问题的最优性。

(4) 能够根据实际问题的需要，自适应地确定某局部要采用的粒度，以尽可能减小网络规模。

以上4个特性分别对应本章需要解决的4个理论和方法难题。为此，本书首先给出列车的宏观、微观运行过程的表达方法，分析列车运行过程在各粒度路网中的关联性。然后，在基于资源时空状态建模方法的基础上，构建多粒度能力计算模型，分别利用约束条件表达列车在中观、微观路网上的运行过程，并通过粒度间列车运行过程一致性约束保持列车运行过程在中观、微观路网上的统一。最后，通过设计面向粒度自适应的行生成算法，实现多粒度资源运用协调的铁路运输能力计算问题的求解。

4.2.3 宏观粒度列车运行过程建模

宏观列车运行过程是基于列车在车站的到达、出发事件的列车运行过程表达方法，是一种经典的列车运行过程表达方法，在列车运行图相关研究中有着非常广泛的应用，第 3 章研究的问题均采用的是列车运行过程的宏观表达，其具有以下特点。

(1) 线路资源表达。在宏观列车运行过程模型采用的铁路网中，以车站作为网络的节点，以区间作为网络的边（对于双线铁路，边表示其中一个方向的正线），如图 4-4b) 所示。

(2) 信号资源表达。使用追踪间隔时间或与之等价的约束体现通过能力的限制。列车追踪间隔时间（或与之等价的设备占用时间）由信号设备及列车运行的特性出发计算得到。

(3) 列车运行过程表达。在宏观粒度列车运行过程模型中，列车的运行过程为列车运行线。

(4) 核心决策变量。核心决策变量为列车的到达、出发时刻。其中，假设列车在区间的运行时间给定。部分模型在表达列车宏观运行过程时，将列车停站造成的区间运行时分差异（即起停车附加时分）考虑在内。

根据以上特点，利用基于资源时空状态的建模方法，在时空网络上表达宏观的列车运行过程，如图 4-5 所示。

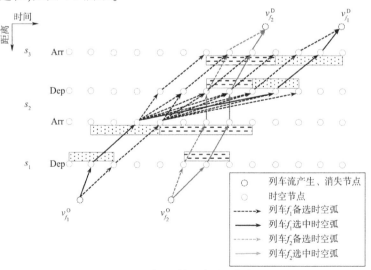

图 4-5 宏观列车运行过程表达

图 4-5 描述的时空网络是第 3 章使用的混杂时空网络的一部分。其中，黑弧

和灰弧分别代表列车 f_1 和列车 f_2 的备选时空弧,每列车的备选时空弧组成 1 个列车运行时空网络。宏观列车运行过程的列车到达、出发时刻的确定,即在列车运行时空网络中,选择 1 条由列车流产生节点至列车流消失节点的链(即图 4-5 中首尾相接的实线弧)。列车选择的链占用一定的车站接发车设备资源(即图 4-5 中阴影部分矩形表示的占用时间域),而不同列车占用的资源不能产生冲突。由此可见,宏观列车运行过程可以表达为一个时空网络中的网络流问题。该宏观列车运行过程表达已应用在 3.3 节所述的模型中,此处不再具体介绍网络的构建方法。

为了方便表达宏观列车运行过程与微观列车运行过程的关系,本章用 a_f 表示宏观列车运行过程时空网络中的 1 条时空弧。其中,时空弧可以分为以下 3 类,可以采用对应的扩充下标表示特定的时空弧如下。

(1) 运行弧: $a_f[(s,t,\mathrm{Dep}),(s',t',\mathrm{Arr})] \in A_f^\mathrm{R}$。

(2) 停站弧: $a_f[(s,t,\mathrm{Arr}),(s,t',\mathrm{Dep})] \in A_f^\mathrm{D}$(当 $t=t'$ 时,为通过弧)。

(3) 虚拟弧: $a_f \in A_f^\mathrm{V}$,用于连接列车流产生、消失节点与时空节点。

采用 0-1 变量 x_a 表示时空弧 a 是否被选中作为列车运行的时空路径(选中为 1,反之为 0)。

宏观表达未能或难以解决以下关于车站能力约束的问题。

(1) 到发线使用冲突。采用如图 4-5 所示的宏观列车运行过程时空网络难以表达到发线使用的冲突,因为列车的停站弧(通过弧)不能表达列车选择何到发线接发车,因而无法直接表达列车对到发线资源的占用。部分研究采用改进的方法使宏观列车运行过程可以在一定程度上表达车站的到发线占用冲突,如将车站股道数量的约束表达为图染色问题,以判断当前列车运行图是否满足车站股道数量约束;或仿照区间运行弧绑定接发车设备资源方法,为停站(通过)的时空弧绑定特殊的车站到发线数量。但是,这些方法只能考虑同一时刻在站内停留的列车总数是否满足车站股道总数约束,不能考虑列车对作业股道选择的限制条件,如股道有效长是否满足要求,股道是否配备需要的旅客乘降、上水、吸污设备。

(2) 进路冲突。在双线铁路上,运行方向相同的前后行 2 列车的运行间隔比较容易地在宏观运行过程中表达,追踪间隔约束基本可以涵盖列车的作业进路冲突约束,即当前后行 2 列车满足追踪间隔约束时,其作业进路保证不存在冲突。在中间站,上、下行的列车一般会分别接入正线两侧的到发线,不存在车站进路冲突。但是,在枢纽车站列车的立即折返作业、转线作业、动车组出入段作业等可能存在比较严重的进路冲突,如列车的发车进路需要切割正线时,该进路可能与另一对向列车接车进路发生冲突。这种由敌对进路产生的冲突难以在宏观的列车运行过程中表达。

4.2.4 微观粒度列车运行过程建模

由于宏观列车运行过程在表达车站作业中存在困难，提出微观列车运行过程的建模方法，以更加准确地表达列车在车站中的股道、进路资源占用情况。基于信号系统工作原理规定的进路建立、占用、解锁规则，构建用于表达微观列车运行过程的路网，提出列车在车站内移动及其对车站设备资源（轨道电路）占用的表达方法，其具有以下特点。

（1）线路资源表达。以车站边界点、车站内轨道电路绝缘节、道岔的理论中心作为节点，并以这些节点为分界点划分车站内线路，作为边，如图4-6所示。

（2）信号资源表达。使用车站轨道电路区段的占用和解锁时间表达，假设占用、解锁时间已知。

（3）列车运行过程表达。在宏观粒度列车运行过程模型中，列车的运行过程为列车在车站的作业计划。

（4）核心决策变量。核心决策变量为：①列车的到达、出发时刻；②列车对作业进路的选择（包括到发线和接发车进路）。

1）微观模型的网络结构

对于铁路车站而言，微观路网是以车站边界点、车站内轨道电路绝缘节、道岔的理论中心为节点，以这些节点将车站内线路划分而成的线路分段为边形成的路网。

列车在车站的作业需要在联锁中办理相应的进路。进路在微观路网中可以表达为弧的集合，图片"微观路网示意图"请扫描二维码查阅。该图片红色的弧段构成1条接车进路。记进路为K（进路包含弧段的集合），车站所有的进路集合为$\mathcal{K}$，有$K \in \mathcal{K}$。进路可以根据类型（如到达、出发等）、衔接方向、特殊作业进行分组，记为$\mathcal{K}_g$，其中g为车站进路的组别。

微观路网示意图

列车占用车站线路设备的最小单位是轨道电路区段。当列车进路锁闭了某轨道电路区段后，其他与这个轨道电路区段相关的进路不能被建立。轨道电路区段在微观路网中可以表达为由无轨道绝缘分隔的毗邻弧的集合。图中，蓝色弧段构成1个轨道电路区段。记轨道电路为C（轨道电路包含弧段的集合），车站所有的轨道电路集合为$\mathcal{C}$，有$C \in \mathcal{C}$。

根据以上关于进路和轨道电路的表达，进路K建立需要占用的轨道电路集合$\mathcal{C}_K$的计算公式为：

$$\mathcal{C}_K = \{C \mid C \in \mathcal{C} \wedge C \cap K \neq \varnothing\} \tag{4-1}$$

式(4-1)构建了微观路网拓扑结构（节点与弧）、设备占用方式（进路）与被占用设备(轨道电路)之间的关系。

2) 列车在车站内的作业

在微观路网中,列车的移动以"作业"表达,记为 n。作业可以分为以下几类。

(1) 到达作业。表示广义的到达作业,包括列车的接车和其他形式的机车、车辆进入车站范围的作业,记为 n_f^A。

(2) 出发作业。表示广义的出发作业,包括列车的发车和其他形式的机车、车辆离开车站范围的作业,记为 n_f^D。

(3) 停留作业。表示列车在车站停留时占用股道的作业。列车停留在股道中并非一般意义上的作业,但由于其占用到发线轨道电路,与列车到达、出发等作业对轨道电路的占用类似,因而也将列车在股道的停留看作作业,记为 n_f^W。

到达作业和出发作业包含时间(发生时间)和空间(进路选择)要素,可以进一步分别记为 $n_f^A(K,t)$ 和 $n_f^D(K,t)$,表示该作业选择了 K 进路,在 t 时刻发生(分别为到达和出发时刻)。停留作业可以进一步记为 $n_f^W(K,t,t')$,表示该作业选择了 K 进路,在 t 时刻开始(到达时刻),在 t' 时刻结束(出发时刻)。

列车在车站往往需要进行多项作业(最常见的是到达、停留、出发),而这些作业在时间和空间上存在关联性。为了表达这些作业在空间上的连续性,提出"作业组"的概念:1 个作业组是 1 列车从进入车站到离开车站这段时间内,所涉及的所有作业的集合,记为 N_f。由于列车在车站内的走行路径必须是连续的,因此作业组中包含的作业需要符合时间和空间的连续性约束,列车 f 所有可行的作业组集合记为 $\mathcal{N}_f$,有 $N_f \in \mathcal{N}_f$。例如,图 4-6 中,到达进路、停留进路和出发进路在空间上是连续的。

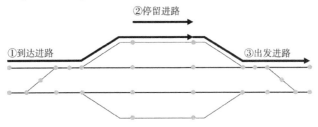

图 4-6 列车作业进路的连续性

以 0-1 变量 y_n 表示作业 n 是否被选中作为列车在车站的作业(选中为 1,反之为 0)。

3) 进路对轨道电路的占用约束

当作业 n 被选中作为列车在车站的作业时,列车将占用相应的轨道电路区段。不同类型的作业占用轨道电路区段的时间计算方法有所区别。其中,到达作业

$n_f^A(K,t)$ 或出发作业 $n_f^D(K,t)$ 对轨道电路的占用时间范围为：

$$[t+bt_{\text{start}}^c, t+bt_{\text{end}}^c] \quad \forall C \in \mathcal{C}_K \tag{4-2}$$

式中：bt_{start}^c——列车开始占用轨道电路时刻与到发时刻的差（$bt_{\text{start}}^c \leqslant 0$ 表示不晚于到达或出发时刻，$bt_{\text{start}}^c > 0$ 反之）；

bt_{end}^c——列车结束占用轨道电路时刻与到发时刻的差。

可以根据此构造轨道电路时空资源集合 R_{n_f} 如下：

$$R_{n_f^{(\cdot)}(K,t)}^{(\cdot)} = \{r(C,\tau) \mid \tau \in [t+bt_{\text{start}}^c, t+bt_{\text{end}}^c] \quad \forall C \in \mathcal{C}_K\} \tag{4-3}$$

式中：$(\cdot)$——列车作业类别，可以为 A 或 D；

$R_{n_f^{(\cdot)}(K,t)}^{(\cdot)}$——到达或出发作业 $n_f^{(\cdot)}(K,t)$ 占用的轨道电路时空资源；

$r(C,\tau)$——轨道电路 C 在 τ 时刻的轨道电路时空资源。

停留作业 $n_f^W(K,t,t')$ 对轨道电路的占用时间范围为：

$$[t+bt_{\text{start}}^C, t'+bt_{\text{end}}^C] \quad \forall C \in \mathcal{C}_K \tag{4-4}$$

可以根据此构造轨道电路时空资源集合 R_{n_f} 为：

$$R_{n_f^W(K,t,t')}^W = \{r(C,\tau) \mid \tau \in [t+bt_{\text{start}}^C, t'+bt_{\text{end}}^C] \quad \forall C \in \mathcal{C}_K\} \tag{4-5}$$

例如，图 4-7 中，进路组通过的轨道电路区段为 C_1、C_2 和 C_3。假设轨道电路的最晚锁闭和最晚解锁时刻与相应的列车到达时刻（列车在到发线上停稳）、出发时刻（列车开始移动）之间的间隔是固定的，可以利用式（4-2）构建列车到、发时刻与轨道电路锁闭、解锁时刻的关系。

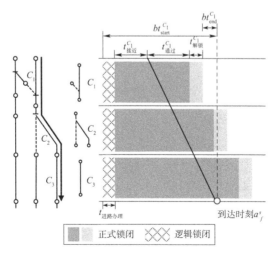

图 4-7 微观时空网络中移动对轨道电路的占用

由图 4-7 可知,同一条作业进路上,各轨道电路的锁闭和解锁时刻可以有所区别,因而该"进路组—进路—轨道电路"的微观列车运行过程表达方法可以用于表达具有分段解锁、分段锁闭特性的车站联锁系统。

4.2.5 宏观表达与微观表达的一致性关系

微观表达中的移动与宏观表达中的列车运行线的关系如图 4-8 所示。在空间上,宏观表达中的列车运行弧将对应微观表达中相关接发车方向的作业,而宏观表达中的列车停站弧将对应微观表达中的停留作业。在时间上,宏观表达中的列车到达、出发时刻,与微观表达中的到达作业、出发作业发生时刻相同,微观表达中的停留作业的开始时间和结束时间分别为列车的到达时刻和出发时刻。这些一致性关系可以使用宏观时空弧所对应的微观作业集合表示。

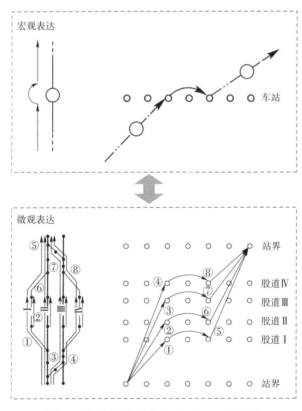

图 4-8 宏观表达与微观表达的列车运行线关系

对于宏观列车运行弧 $a_f[(s,t,\text{Dep}),(s',t',\text{Arr})] \in A_f^R$，其对应的微观作业集合为：

$$N_{a_f[(s,t,\text{Dep}),(s',t',\text{Arr})]} = \qquad (4\text{-}6)$$
$$\{n_f^A(K,\tau) \mid K \in \mathcal{K}_{g(s',a_f)} \wedge \tau = t'\} \cap \{n_f^D(K,\tau) \mid K \in \mathcal{K}_{g(s,a_f)} \wedge \tau = t\}$$

式中：$g(s,a_f)$——宏观时空弧 a_f 在车站 s 可用的进路组。

对于宏观列车停站弧 $a_f[(s,t,\text{Arr}),(s,t',\text{Dep})] \in A_f^D$，其对应的微观作业集合为：

$$N_{a_f[(s,t,\text{Arr}),(s,t',\text{Dep})]} = \{n_f^D(K,\tau,\tau') \mid K \in \mathcal{K}_{g(s,a_f)} \wedge \tau = t \wedge \tau' = t'\} \qquad (4\text{-}7)$$

4.3 多粒度资源运用协调的铁路运输能力计算方法

根据以上宏观和微观列车运行过程建模，以及粒度间列车运行过程的一致性分析，可以构建多粒度能力计算模型。利用该模型可以求解得到可行的、满表的列车运行图(列车在各车站的到达、出发时刻)，以及对应的列车在车站的作业进路，根据此解可以计算考虑车站和区间能力适配的通过能力，也可以分析区间、车站能力瓶颈。

4.3.1 多粒度能力计算模型

1) 多粒度时空网络

根据以上宏观与微观列车运行过程的建模方法及粒度的一致性分析结论，可以将宏观模型和微观模型通过一个多粒度的时空网络集成为一个整体。多粒度时空网络如图 4-9 所示。

由图 4-9 可知，多粒度时空网络可以分为宏观层和微观层，二者中的弧具有对应关系，即一旦宏观层中的某运行弧(宏观)被选中作为列车运行时空径路，在微观层中与之对应的进路弧(微观)也应被选中(多条对应的进路弧选择 1 条)。宏观层、微观层的具体构成要素如下。

(1) 宏观层。

宏观层即图 4-5 所属的时空网络，包括运行弧(由某车站的出发节点指向下一车站的到达节点)和停站弧(由某车站的到达节点指向同一车站的出发节点)。

(2) 微观层。

微观层包括到达进路弧、出发进路弧和停留进路弧，如图 4-9 所示。到达进路弧与宏观层中指向本车站到达节点的运行弧对应[如式(4-6)];出发进路弧与宏观层中本车站出发节点发出的运行弧对应[如式(4-6)];停留进路弧与宏观层中的停站弧对应[如式(4-7)]。

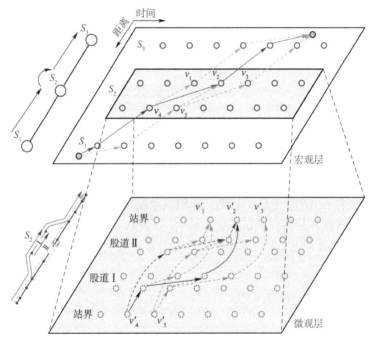

图 4-9 多粒度时空网络

由图 4-9 可知,对于某个车站而言,宏观层中的 1 条时空路径可以在微观层中"扩展"出多条与之对应的时空路径,扩展的依据即第 4.2.5 小节中分析的宏观和微观列车运行过程表达的一致性。具体而言,如果某条宏观弧被选中,那么其对应的微观弧也至少有 1 条被选中。

2)数学模型

根据以上多粒度时空网络的特征,构建多粒度铁路运输能力计算模型如下。

模型 4-1 多粒度铁路运输能力计算模型

$$\max c = \sum_{f \in F} \sum_{a_f \in A_f} \phi_a \times x_a \tag{4-8}$$

$$\text{s.t.} \begin{cases} \sum_{a \in A_{v_f}^{\bar{0}}} x_{a_f} = \sum_{a \in A_{v_f}^{+}} x_{a_f} \leq 1 & \forall f \tag{4-9} \\ \sum_{a_f \in A_v^{+}} x_{a_f} = \sum_{a_f \in A_v^{-}} x_{a_f} & \forall f,v \tag{4-10} \end{cases}$$

其中：
$$\phi_a = \begin{cases} P_f - \alpha \times d_a & \forall a \in A_{vf}^- \\ -\alpha \times g_a & \forall a \in A_f^R \cap a_f^D \end{cases}$$

$$\sum_{f \in F} \sum_{a_f \in A_f^R : r \in R(a_f)} x_a \leq 1 \quad \forall r \tag{4-11}$$

$$\sum_{N_f \in \mathcal{N}_f} z_{N_f} = 1 \quad \forall f \in F \tag{4-12}$$

$$z_{N_f} = y_n \quad \forall f \in F, N_f \in \mathcal{N}_f, n \in N_f \tag{4-13}$$

$$\sum_{f \in F} \sum_{N_f \in \mathcal{N}_f} \sum_{n \in N_f : r \in R_n} y_n \leq 1 \quad \forall r \tag{4-14}$$

$$x_{a_f} = \sum_{n \in N_{a_f}} y_n \quad \forall f \in F, a_f \in A_f^R \cap A_f^D \tag{4-15}$$

模型4-1中，目标函数式(4-8)为最大化总列车运输产出。约束式(4-9)~约束式(4-11)为宏观层(列车运行图层面)约束，其中约束式(4-9)为宏观路径的生成和消失点流平衡约束，约束式(4-10)表示宏观节点处的流平衡约束，约束式(4-11)表示宏观闭塞时空资源的占用，即宏观闭塞时空资源同一时刻只能被1列车占用。约束式(4-12)~约束式(4-14)为微观层(车站作业计划层面)约束，其中约束式(4-12)表示微观作业组选择的唯一性，约束式(4-13)表示作业组与作业选择的一致性，约束式(4-14)表示微观闭塞时空资源的占用，即微观闭塞时空资源同一时刻只能被1列车占用，保证列车在车站运行不发生冲突。约束式(4-15)为宏观层与微观层一致性约束，表示当宏观层的列车运行弧或停站弧被选择时，其对应的微观作业有且仅有1条被选择。

该模型通过约束式(4-15)，将宏观层的列车运行图问题和微观层的车站作业计划问题结合，在列车运行过程的表达实现了点与线的统一，利用该模型铺画满表运行图进行铁路运输能力计算，可以更加准确地体现铁路运输点、线协调下的运输能力。

模型4-1将铁路运输能力计算特征模型(模型2-1)中的移动表达为宏观或微观的列车作业，将资源表达为宏观或微观粒度的闭塞行车资源。模型4-1给出了移动和资源这两个要素的宏观和微观表达方法，体现了对特征模型中移动和资源要素在不同粒度下的演绎。

4.3.2 面向粒度自适应的行生成算法

模型4-1是一个包含了宏观粒度和微观粒度的组合优化模型，其中宏观粒度部分与列车运行图优化模型的复杂度大致相当，而微观部分由于精确至进路和轨道电路层面,表达的粒度较细,将导致模型规模非常庞大,难以直接求解。但是,通过分析宏观层和微观层之间的耦合关系可以发现,在满足宏观列车运行约束的条件下,微观冲突数量应该较少,原因如下。

(1)在满足宏观追踪间隔约束的条件下,同方向列车在微观上发生进路冲突的可能性很小。

(2)车站的股道数量在设计时已经充分考虑了车站同时停留的列车数量,只有在比较特殊的情况下(如列车密集出段与列车密集到达时段重叠),会发生车站股道数量不足的情况。

(3)虽然枢纽车站存在较多的立即折返作业,但列车仍然可以从到达和出发作业中,灵活选择二者中正线较为空闲的时段切割正线,接入相关股道,以便于组织平行作业,减少对车站通过能力的影响。

由此可知,在所有的微观层约束式(4-12)~约束式(4-14)中,只有较小一部分的约束是对最优解起决定性作用的关键约束(binding constraint),微观列车运行约束存在大量的冗余。因此,可以借鉴"行生产"的思想,通过延迟生成微观懒约束(lazy constraint)的方法,尽可能地减少约束的数量,以加快求解速度。

1)算法思路

分析数学模型的结构,如果没有微观的作业间隔约束式(4-12)~约束式(4-14),变量 y 的取值不会对目标有影响。因此,可以先在宏观约束式(4-9)和约束式(4-11)下求变量 x(即宏观的列车运行图问题),然后给定 x,求解 y(即微观的进路和到发线分配问题)。如果可以求得可行解 y,那么 x 和 y 就是原问题的最优解,数学证明如下。

命题 如果 x^* 是松弛问题的最优解($Z_松^*$),且 $x^* \in$ 原问题解空间,那么 x^* 一定是原问题的最优解($Z_原^*$)。

证明 使用反证法。假设 x^* 是松弛问题的最优解,且 $x^* \in$ 原问题解空间,但是原问题存在一个比 x^* 更优的解 x^{**}。由此假设可以推出:$f(x^{**}) > f(x^*)$,即 $Z_原^* > Z_松^*$。但是,由数学规划的性质可知,去掉了约束条件,解空间变大,其最优解应至少不差于原问题的最优解,即 $Z_原^* \leqslant Z_松^*$,与以上假设的推论矛盾。因此假设不成立,命题得证。

分析模型4-1的结构,结合以上证明可知,目标函数只与宏观问题相关的变量 x 相关,变量 y 以及微观约束式(4-12)~约束式(4-14)只用于判别微观层是否可行,那么一旦求得的最优列车运行图(不考虑或不完全考虑微观)在股道分配层面是可行的,那么这个列车运行图就是最优解。

对于铁路运输能力计算问题,其微观约束相对复杂,而宏观约束相对简单。以上的命题启发我们考虑一种降低模型规模的方法。首先,忽略所有的微观约束,先求解宏观的列车运行过程,再在求得的宏观列车运行过程的基础上规划微观运行过程(即对宏观运行过程进行冲突检测),如果在得到宏观列车运行过程的最优解的同时可以得到可行的微观列车运行过程解,那么这个"宏观 + 微观"的列车运行过程即为最优解。如果求得的宏观列车运行过程不能获得微观运行过程的可行解(即宏观列车运行过程存在微观冲突),那么需要识别发生冲突的宏观弧,并围绕着发生微观冲突的局部生成对应的微观约束,加入原来的宏观问题中继续求解。重复此过程,直至求得在微观上可行的解为止。

为此,本书在模型 4-1 的基础上,借鉴数学优化理论中"行生成"的思想,提出了一种自适应的多粒度能力计算方法,在基于宏观网络的能力计算模型的基础上,引入"微观能力割平面约束"概念,通过割平面生成的迭代框架,自适应地在微观能力冲突可能产生的区域,将宏观网络的部分节点或边扩展至微观层面,并生成关于微观列车运行过程的能力约束。该方法能够根据实际的能力利用情况灵活调整网络的粒度,既能保留宏观问题在能力计算效率上的优势,又能兼顾宏观能力结果在微观问题上的可行性。此外,由于微观能力割平面约束的生成不会破坏能力计算问题的解空间,因此不存在因空间强制划分而导致的能力计算结果失真问题。

2) 算法步骤

根据行生成的算法思路和模型 4-1 的约束条件结构,提出面向粒度自适应的铁路运输能力算法如算法 4-1 所示。

算法 4-1 面向粒度自适应的铁路运输能力算法

步骤 1:模型 4-1 的求解——"宏观层 + 已扩充微观层"。
采用第 3 章中的算法 3-2 求解模型{目标函数式(4-8):约束式(4-10)和约束式(4-11)},得到宏观的列车运行图,以及选中的宏观时空弧($x_a = 1$),构成宏观时空弧集合 A^*。

步骤 2:微观层进路组分配。
在已知 x_a 取值的条件下,求解模型{0:约束式(4-12) ~ 约束式(4-15)},即求解在宏观列车运行过程给定条件下的微观列车运行过程,以校验运行图的可行性。如果模型可行,说明宏观、微观列车运行过程均无冲突,转跳至步骤5。

步骤 3:微观层冲突检测。

如果步骤 2 中微观列车运行过程存在冲突,采用松弛模型 $\{\max \sum_{f \in F} \sum_{N_f \in N_f} z_{N_f} :$ 约束式(4-12) ~ 约束式(4-14), $x_a \geq \sum_{n \in N_a} y_n \quad \forall a \in A\}$ 计算得到最大能够铺画的微观作业,再将未能铺画微观作业的宏观时空弧记录下来,得到导致微观冲突的宏观时空弧集合 A'。

步骤 4:微观层时空网络的扩充。

对集合 A' 中的宏观时空弧进行微观扩充。即对于集合 A' 中的宏观时空弧,找出与之对应的微观作业集合 N_a 及与之相关的列车 f 和作业 n,构造相应的约束式(4-12) ~ 约束式(4-15),添加至步骤 1 的宏观模型中,返回步骤 1。

步骤 5:输出满表列车运行图及其对应的车站作业计划。

通过算法 4-1 的迭代步骤,可以有针对性地扩增存在作业进路冲突的车站微观层,尽可能减小微观层的规模,降低计算的难度,对列车运行过程数据存储、列车运行路径生成比较有利。

4.4 案例分析

为了验证基于多粒度路网的区间及车站运输能力一体化计算方法的有效性,以京津城际铁路(北京南—天津)为例进行区间及车站运输能力一体化计算与分析。京津城际铁路北京南—天津区段具有以下特点,比较适合作为区间与车站能力一体化计算的案例。

(1)列车运行密度大,列车开行方案相对简单,能力计算结果(满表运行图)便于与实际基本图对比。

(2)列车始发、终到站均为大型高铁枢纽站(北京南站城际场和天津站城际场),且始发、终到车站距离较短,列车接发作业存在较强的时空关联性,不同车站之间的能力相互影响突出。

(3)动车组在北京南站城际场和天津站城际场立即折返,将产生大量咽喉进路交叉和股道占用冲突,车站能力与区间能力适配的矛盾较为突出。

案例基本采用京津城际铁路的实际运营数据,基本的计算参数如表 4-2 所示。

第4章 考虑多粒度资源运用协调的铁路运输能力计算方法

计算参数　　　　　　　　　　　　　　　　　　　　　表 4-2

参数	取值	参数	取值
区间运行时分	（见附表 B-1）	中间站停站时间(min)	1
追踪间隔时间(min)	6	立即折返时间标准(min)	12
备选列车集合	（见附表 B-2）	使用动车组数量(组)	14

在案例分析中,采用以下假设。

(1)动车组类型相同,北京南站城际场、天津站城际场的立即折返作业时间标准相同;动车组只能在规定的时间段出入动车段,不考虑动车组出入段端的咽喉能力。

(2)列车可以接入车站的任何 1 条股道,不考虑上水、吸污、上高铁快递等作业对股道的特定要求。

(3)不考虑跨线列车(北京南—天津西)和长距离运行列车(北京南—于家堡);动车组在北京南站、天津站采用立即折返的方式接续,不允许通过调车作业变更在始发终到站的到发线,不考虑动车组在运营时段内多次出入段的情况。

(4)在北京南—天津区段内,列车只能在武清站停站。在列车备选集中,武清站停站的列车与武清站不停站的列车各占 1/2。

本案例实验在 1 台 CPU 为 Intel Core i7-5500U、内存 8GB 的个人计算机上完成,使用 C#语言编写代码。其中,算法 4-1 的步骤 2 求解时,调用 Gurobi 8.1.1 求解器。

为了使案例结果描述部分更加简洁,在能力计算结果分析中,使用以下术语表示所求解能力的具体含义。

(1)车站通过能力:只考虑单个车站作业,不考虑车站作业与运行图作业协调下,计算得到的车站最大接发车数量总和。

(2)区间通过能力:在不考虑车站冲突(包括到发线和进路)的条件下,考虑动车组周转(假设动车组数量不限,但考虑立即折返对股道的占用),计算得到的列车运行图上、下行列车总数。

(3)通过能力(车站+区间):在同时考虑列车运行图冲突和车站冲突的条件下,计算得到的列车运行图上、下行列车总数。

(4)输送能力(动车组+区间):在同时考虑区间通过能力和动车组运用限制、不考虑车站通过能力限制下,计算得到的列车运行图上、下行列车总数。

(5)仅取决于动车组的能力:在不考虑固定设备资源限制、只考虑活动设备资源限制下,计算得到的列车运行图上、下行列车总数。

4.4.1 点、线能力利用协调下的铁路运输能力

单独计算区间、车站通过能力时,由于不考虑车站和区间接发车作业协调而产生的能力损失,其计算结果与线路可以实现的通过能力相比往往偏大。而利用本书提出的多粒度计算方法得到的"区间+车站"通过能力充分考虑了车站接发车作业与列车在区间运行的协调(同时也考虑了各车站接发车作业的相互协调),得到的计算结果与实际较为接近。设计以下案例以验证此结论,并定量分析区间和车站作业的协调性与通过能力的关系。

1)通过能力计算结果

图片"区间、车站能力独立计算与一体化计算结果对比"请扫描二维码查阅。

由图中各项能力的计算结果对比可知,如果不考虑区间通过能力,孤立计算得到的各车站通过能力明显偏大,与实际情况不符。类似地,如果不考虑车站通过能力(包括咽喉和到发线通过能力),计算得到的区间通过能力也会明显偏大,与实际情况不符。相反,如果同时考虑区间和车站能

区间、车站能力独立计算与一体化计算结果对比

力对列车运行的制约,利用本章提出的方法得到的同时符合区间和车站作业约束的满表列车运行图,并据此计算得到"区间+车站"通过能力,可以比较准确地反映区间和车站资源运用协调下的通过能力,与实际情况最为接近。综上所述,多粒度方法既考虑了宏观层面的通过能力因素(如列车运行图参数),又考虑了微观层面的通过能力影响因素(如车站进路和到发线冲突),生成满表运行图及其对应的无冲突车站作业计划,计算得到的通过能力比较符合实际。同时,生成的满表运行图及其对应的无冲突车站作业计划可以作为分析区间、车站能力利用情况的重要依据。以下就本案例得到的满表列车运行图及其车站作业计划进行具体分析。

2)车站作业冲突对"区间+车站"通过能力的影响

为了分析造成以上能力计算结果差异的具体原因,分析在考虑与不考虑车站作业冲突情况下得到的满表运行图,以说明车站作业冲突对"区间+车站"通过能力的具体影响。对能力计算时长为 4h 的案例进行分析,其中下行方向 0:30—4:30,上行方向 0:50—4:50 为能力计算时间范围(该时间并非实际时间,而是本案例所采用的虚拟研究时钟)。图片"'区间+车站'能力独立计算与一体化计算运行图对比"请扫描二维码查阅。

"区间+车站"能力独立计算与一体化计算运行图对比

第 4 章　考虑多粒度资源运用协调的铁路运输能力计算方法

通过比较 2 张满表运行图可知,考虑车站作业冲突后,得到的列车运行图中列车数量较少,且列车的发车间隔时间不均匀。从能力利用的角度看,车站能力制约了区间能力的充分利用。在不考虑车站作业冲突时,列车往往是以最小的发车间隔时间从始发站发出,以保证最大限度地使用区间通过能力。在此条件下,列车分布密集且均匀。但是,该运行图在车站作业计划层面上是不可实现的。尝试以此运行图为输入条件编制车站作业计划,发现存在不可避免的进路和到发线冲突,如附表 C-1 所示。

而当考虑车站作业冲突时,列车间的实际间隔时间除了受到最小追踪间隔时间限制外,还受到车站进路冲突的影响。车站进路冲突(尤其是北京南站城际场和天津站城际场接发列车敌对进路冲突)导致部分列车不能按照最小发车间隔时间安排,区间通过能力不能充分利用。具体而言,部分列车为了避开车站作业冲突,而微调发车时刻或列车运行顺序,导致列车实际的发车间隔时间要比最小发车间隔时间长。部分列车还改变了动车组的接续关系,以尽可能减少对车站到发线的占用。

图片"满表运行图对应的车站作业计划"请扫描二维码查阅。该图片虽然考虑车站能力的满表运行图的列车实际发车间隔时间并非全部最小,从区间通过能力上看还有进一步加开列车的可能,但从车站通过能力上看,北京南站城际场和天津站城际场的车站作业计划已经相当紧凑,难以再开行更多的列车。另外,由于京津城际铁路列车全程运行距离较短,下行列车从北京南站始发约

满表运行图对应的
车站作业计划

30min 即到达天津站,列车停靠的中间站少(部分列车无中间停站,剩余列车仅停武清站 1min),因而北京南站城际场的发车(接车)作业与天津站城际场的接车(发车)作业存在非常紧密的关联(图中蓝色、红色虚线所示)。列车从一个车站密集出发,将会在 30min 后在另一个车站形成一股密集到达列车流,而密集出发的列车流与密集到达的列车流在车站咽喉处形成时间和空间上的交叉,将会使车站的作业异常繁忙(如天津站城际场 4:00—5:00 时段),因而需要两个车站的作业计划高度协调才能最大限度发挥线路的整体通过能力。

从车站作业计划的局部上看,存在不少由于接车与发车进路交叉而产生的轨道电路紧密占用,如北京南站城际场 1:50—2:10 期间,到达列车 C1012 与出发列车 C1205 之间、到达列车 C1104 与出发列车 C1207 之间,均在轨道电路区段 C21、C23、C24 存在紧密占用轨道电路的情况。与之类似,在天津站城际场 1:20—1:50 期间,出发列车 C1008 与到达列车 C1003 在轨道电路区段 C4,到达列车 C1003 与

出发列车 C1104 在轨道电路区段 C6、C8、C11 也存在紧密占用轨道电路的情况。这些轨道电路的紧密占用表明,在此处的接车进路与发车进路是敌对进路,为了避免这些敌对进路同时建立而发生冲突,需要对列车的到达和出发时刻进行妥当安排,使车站作业计划可行,这是列车的实际发车间隔时间比最小发车间隔时间略大的重要原因。同时,车站作业计划也存在不少接发列车采用平行进路同时作业的情况,如北京南站城际场 2:40—3:00 期间,出发列车 C1303 和到达列车 C1202,出发列车 C1307 和到达列车 C1206 均采用的是平行的接发车进路。采用平行进路安排车站同时办理接发车作业,可以使车站在一定的时间范围内尽可能地多接发列车,是对车站通过能力利用最有利的情况。但是,由于北京南站城际场和天津站城际场都是以正线轴对称的车场,采用站前立即折返的方式,不可避免地会产生接发车进路交叉,是否可以采用平行进路接发列车,以实现更大的车站通过能力,还取决于到发线的运用情况。

从以上分析可知,利用铺画满表运行图及其车站作业计划的方式计算"区间 + 车站"通过能力,不仅可以得到在给定行车组织方法条件下的最大运行列车数量,还可以给出在此数量下具体的满表列车运行图及车站作业计划,便于相关人员分析在最大能力利用条件下的列车运行计划情况,从而得出有助于铁路设计、运营相关的结论,使能力计算的结果更好地辅助相关决策。

利用本章的方法生成的满表运行图及其对应的车站作业计划,可以用于进一步分析各项设备在不同时段的能力利用情况,根据车站作业计划可以计算得到设备在一定时间范围内的利用率,以分析当前行车组织方式下车站的通过能力瓶颈,为解决铁路运输系统设计、运营阶段关于车站通过能力的相关问题提供借鉴。

3) 车站轨道电路区段利用率分析

根据满表车站作业计划(4h),可以计算得到能力计算时长为 4h 的北京南站城际场和天津站城际场的各轨道电路区段利用率示意图,图片"车站轨道电路利用率示意图"请扫描二维码查阅。

表 4-3 分别按照到发线和咽喉轨道电路区段给出平均利用率和最高、最低利用率。由表 4-3 可知,北京南站城际场和天津站城际场的到发线平均利用率均大于咽喉轨道电路区段的平均利用率,说明列车在到发线上实际的占用时间较长。

车站轨道电路利用率示意图

在车站的咽喉区,北京南站城际场和天津站城际场均有一个轨道电路区段的利用率明显高于其他轨道电路区段。通过对接发车进路的分析,利用率明显较高的轨道电路区段均是切割咽喉正线接发车的必经轨道电路区段。

车站到发线与咽喉轨道电路区段利用率(单位:%)　　　　表4-3

车站	到发线 平均利用率	咽喉轨道电路区段 平均利用率	轨道电路区段 最高利用率	轨道电路区段 最低利用率
北京南站 城际场	54.11	30.48	78.33 (C6)	13.33 (C16)
天津站 城际场	50.24	36.17	80.83 (C15)	7.08 (C10)

4) 设备作业负荷随接发列车数量增长的变化趋势

为了更加深入地分析接发车数量对车站各轨道电路区段的作业负荷的影响,设计以下案例,不断增加接发车的数量,编制相应的车站作业计划,并分别统计北京南站城际场和天津站城际场各轨道电路区段的利用率,以分析各轨道电路的利用率随列车数量增长的变化情况,进一步分析得出各站的车站作业瓶颈转移规律。通过改变列车备选集中的列车数量,并利用本章的方法求解"区间 + 车站"通过能力,可以得到对应列车数量下的各轨道电路利用率,图片"轨道电路占用时间与接发列车数量关系"请扫描二维码查阅。

该图片显示,无论对于北京南站城际场还是天津站城际场,车站咽喉的瓶颈轨道电路区段(北京南站城际场轨道电路区段C23,天津站城际场轨道电路区段C3)的占用时间都会随着列车数量的增长而呈近似线性上升的趋势。而对于其他的咽喉区轨道电路区段,其占用时间随备选集列车数变化的趋

轨道电路占用时间
与接发列车数量关系

势可以分为"先快后慢""先慢后快"和保持缓慢增长3类。具有"先快后慢"或"先慢后快"特征的咽喉区轨道电路区段往往分布在正线的同一侧,这是由于在不考虑线路使用偏好时,到发线的使用往往按编号从一侧向另一侧依次安排。在此例中,更靠近车站外侧(基本站台一侧)的到发线在相同的条件下会优先被选用,因而这一侧的到发线占用时间往往随备选集列车数量增长呈"先快后慢"趋势,更靠近车站内侧的到发线则恰好相反,呈"先慢后快"趋势。而保持缓慢增长趋势的咽喉区轨道电路区段一般是正线内侧的道岔所处的轨道电路区段(如北京南站城际场轨道电路区段C14,天津站城际场轨道电路区段C9)。

5)列车实际发车间隔时间分布

为了研究车站通过能力和列车实际发车间隔时间的关系,比较分析考虑车站通过能力与不考虑车站通过能力这两种情况下,满表运行图上的发车间隔时间分布情况。对 2~6h 共 5 个案例的满表运行图上的列车实际发车间隔时间进行统计,可以得到北京南站城际场和天津站城际场的实际发车间隔时间分布,图片"车站实际发车间隔时间分布"请扫描二维码查阅。

该图片中的色块表示满表运行图中,列车实际发车间隔频率分布(由传统频率分布曲线旋转90°得到)。由图可知,5 个研究时段长度不同的案例在列车实际发车间隔时间分布上表现出相似的特征。当不考虑车站通过能力的影响时,列车运行线可以按照最小追踪间隔时间(6min)紧密铺画,考虑不同停站方案列车相邻铺画产生的能力损失,列车的实际发车间隔时间等于或略大于6min;由于动车组周转原因,个别运行线缺少合适的动车组担当,导致有少数发车间隔时间约为 12min。当考虑车站通过能力影响时,列车实际发车间隔时间仍主要分布在 6min 附近,但是列车的实际发车间隔时间分布比不考虑车站通过能力影响的发车间隔时间分布均匀且呈长尾状,少部分相邻的列车发车间隔时间达到 15min以上,个别发车间隔时间超过 20min。这是由于考虑车站通过能力特别是车站咽喉区进路冲突后,列车的实际发车间隔不仅取决于区间的最小追踪间隔时间,还取决于车站咽喉进路的建立时机。京津城际铁路采用立即折返的动车组运用方式,在列车到达出发作业高峰期,车站接车和发车进路存在比较严重的冲突,需要合理、灵活地确定列车到发时刻,以疏解咽喉进路冲突。因此,在考虑车站通过能力约束后,列车难以完全按最小追踪间隔时间密集发车,使列车的实际发车间隔时间大于最小追踪间隔时间。

车站实际发车间隔时间分布

由此可见,车站通过能力对于京津城际铁路这类线路总长度较短、始发终到作业密集的线路的运输能力有较大的影响,车站通过能力不足将导致作业高峰时段难以按最小追踪间隔时间发车,影响运输效率。为此,需要在线路设计时,充分考虑车站通过能力与区间通过能力的适配,使高峰期的行车组织更加顺畅。同时,该案例也表明,考虑车站通过能力与区间通过能力相互作用的运输能力计算方法在研究实际问题时有较强的适用性。

4.4.2 车站设备对运输能力的影响

为了验证该能力计算方法可以解决铁路线路、车站设计阶段能力分析的问题,

第 4 章 考虑多粒度资源运用协调的铁路运输能力计算方法

设计以下案例,分析车站设计方案的运输能力。

1)分段解锁对"区间+车站"通过能力的影响

高速铁路车站的计算机联锁系统一般采用分段解锁的方式,当列车离开某一轨道区段后,即触发该轨道区段的解锁指令。理论上,采用分段解锁的方式可以尽可能地缩短列车占用轨道电路区段的时间,从而提升车站的通过能力。为了定量分析一次性解锁与分段解锁这两种进路解锁方式对车站通过能力的影响,分别计算 240min、300min 和 360min 共 3 个车站能力计算案例,对比分析采用一次性解锁方式与分段解锁方式的差别。车站进路一次性解锁与分段解锁的通过能力比较如表 4-4 所示。

车站进路一次性解锁与分段解锁的通过能力比较　　　　　表 4-4

时间长度(min)	进路解锁方式	北京南站城际场				天津站城际场			
		到达列车数量(列)	出发列车数量(列)	平均发车间隔时间(min)	发车间隔时间标准差(min)	到达列车数量(列)	出发列车数量(列)	平均发车间隔(min)	发车间隔时间标准差(min)
240	一次性	18	24	10.04	5.62	23	24	10.26	5.06
	分段	21	28	8.74	3.60	26	27	9.19	4.31
300	一次性	28	31	9.97	5.17	30	32	9.36	5.03
	分段	27	34	9.03	3.87	32	33	9.30	4.38
360	一次性	28	28	11.74	7.27	28	29	11.11	5.73
	分段	32	38	9.73	5.54	36	37	9.92	4.02

由表 4-4 可知,采用分段解锁的方式在一定程度上可以提升车站的通过能力。同时,采用分段解锁方式可以更加及时地为列车办理出发进路,缩小车站的发车间隔时间标准差,有利于提升车站发车的均衡性。此例同时可以说明,本章提出的多粒度能力计算方法可以用于研究分段解锁作业方式下的车站通过能力,计算结果更加准确。

2)车站到发线、进路的可用性对能力的影响

本章提出的能力计算方法还可以用于车站平面布置图的能力分析。鉴于本案例采用的是已经建成投入运营的线路和车站,在分析车站平面布置图对通过能力的影响时,假设车站的部分设备(到发线和咽喉区道岔)因故停用,计算此时车站

通过能力的损失程度。设计 5 个设备停用的场景,计算部分车站设备停用时车站通过能力的变化情况如表 4-5 所示。

部分车站设备停用时车站通过能力的变化(单位:列)　　　表 4-5

场景	北京南站城际场		天津站城际场	
	到达列车数量	出发列车数量	到达列车数量	出发列车数量
设备正常使用	21	28	26	27
停用北京南站城际场 1 道	21	28	26	27
停用北京南站城际场 1、6、7 道	17	23	21	22
天津站城际场 C9 道岔侧向关闭	21	28	25	26
天津站城际场 C9 故障封锁	12	13	12	15
天津站城际场 C7 故障封锁	18	24	23	23

由表 4-5 可知,停用北京南站城际场 1 道(实际上目前该股道由于站台缺乏客运设备,不用于接发列车),对北京南站城际场及京津城际铁路整体的通过能力影响不大;而停用 1、6、7 道后,车站通过能力会出现较为明显的下降。此现象也说明,虽然从利用率上看,北京南站城际场的到发线利用率要明显高于轨道电路区段,但是停用 1 条到发线却对通过能力没有明显影响,说明到发线很有可能不是车站通过能力的瓶颈。咽喉区轨道电路区段的利用率虽然较低,但是从车站作业计划图来看,咽喉区的轨道电路存在大量的"碎片"空闲时间。这些空闲时间虽然没有被列车占用,但是却由于其无法与其他的轨道电路(包括到发线)配合生成可行的进路,难以被任何列车利用。这些难以被利用的"碎片"空闲时间会导致能力的空费,是致使车站咽喉区轨道电路成为实质上的车站通过能力瓶颈的重要原因。

天津站城际场 C9 道岔可以使轨道电路编号为 C15 的股道存在 2 条发车进路,当列车选择经由该道岔侧向发车时,可以与部分接车进路同时建立,有利于提升车站通过能力。而在天津站城际场停用该道岔组的侧向,会使轨道电路编号为 C15 的股道失去一条可行的出发进路方案,会导致车站能力的少量损失(4h 内损失 1 对)。此外,车站咽喉区的不同轨道电路区段发生故障停用,对车站通过能力的影响差异很大。

从本案例分析可知,车站到发线、咽喉区布置对车站的通过能力存在较大影响,需要在设计阶段合理确定到发线数量和咽喉区线路连接形式,使车站能够满足行车量需要。本章提出的方法,可以在车站的设计阶段,初步计算不同车站设计方案对应的通过能力,以支撑车站设计方案的评估比选工作。

4.5 本章小结

本章为了解决铁路点、线能力一体化计算问题,分析了不同粒度资源下列车运行过程的表达方法及其对应关系,根据多粒度资源运用协调的建模思路,提出了列车运行过程在区间的宏观表达方法和在车站内的微观表达方法,构建了基于多粒度时空网络的铁路运输能力计算模型。为了减小问题规模,提升求解效率,本章提出了面向粒度自适应的行生成算法迭代生成有效微观资源约束。案例分析表明,考虑车站能力约束编制的满表列车运行图可以比较准确地计算得到铁路点、线能力,该方法还可以用于分析在点、线作业协调下的车站能力利用情况。

第 5 章 多类别列车共线运行的铁路运输能力计算方法

铁路网中存在不同类别列车共线运行的情况,这些列车具有不同的等级、起讫点、开行时段等属性,服务于不同的运输需求。在一定的空间和时间范围内,不同类别的列车共线运行会对运输资源产生竞争。如果列车的类别单一,其服务的运输需求没有明显差异,可以将运输资源在这些列车间进行简单分配。但是,不同类别的列车服务的运输需求不同,其对运输资源的"争用"可能呈现出不同的结果,导致列车形成的运输能力存在差异,在多类别列车共线运行时尤为明显。在此情况下,直接使用"最大列车数量"表征运输能力无法表明不同类别列车是如何组合的。列举了 3 种不同类型列车共线运行情况,图片"不同类型列车共线运行情况"请扫描二维码查阅。

不同类型列车共线运行情况

该图片显示,直接采用不区分类别的最大列车数量表征不同类型列车共线运行条件下的运输能力,难以全面地表达运输产品产出这一铁路运输能力的多维度内涵,对运营决策的指导意义有限。因此,需要研究采用新的运输能力表征方式,充分体现不同类型列车对运输资源竞争下的运输产出情况。本章分析在多类别列车共线运行条件下铁路运输资源运用的特点,提出基于列车类别的多目标规划及其求解方法,求解运输能力的帕累托最优前沿,以此全面、准确地表征多类别列车共线运行下的铁路运输能力。通过案例分析,说明该帕累托最优前沿可以辅助运营者确定符合运营偏好的多类别列车最大能力利用方案。

本章论述的多类别列车共线运行的情况对固定设备资源的争用尤为突出,因而本章研究的铁路运输能力仅考虑固定设备资源而不考虑活动设备资源,所述的铁路运输能力特指通过能力。

5.1 多类别列车共线运行的铁路运输能力

5.1.1 多类别列车共线运行的资源利用特点

(1)资源利用竞争性。不同类别列车共线运行意味着这些列车需要先后占用同一个固定设备资源。当这些列车在相同时刻请求固定设备资源占用许可时,将

第 5 章 多类别列车共线运行的铁路运输能力计算方法

发生资源的争用。例如,图片"不同类型列车共线运行情况"中的图 a)中,运行径路 1、2、5 的列车将在 c—d 区段产生运输资源竞争,不同的运输资源竞争结果(如图中的 3 个运行图)可以提供的运输服务(或可以满足的运输需求)是截然不同的。

(2)运输能力结果多样性。多类别列车共线运行的竞争性导致在运输资源的约束下,不同类别的列车存在多种可能的数量配比与铺画组合,形成的运输能力不是唯一的。例如,图 b)中,不停站列车与停站列车的不同数量配比铺画得到的满表运行图,在一定时间内可以通过的最大列车数不同。不同的数量配比与铺画组合对于运输需求的满足程度不同,对运营目标实现的意义也有所不同。

(3)运输产出"此消彼长"关系。多类别列车共线运行下,运输能力计算结果的多样性与一般的生产系统不同。一般生产系统的资源(如物料、人力)可以几乎没有损耗地投入不同产品的生产过程。在资源一定的条件下,不同产品产出呈明显的"此消彼长"关系。但是,铁路运输系统中,不同类别列车的组合产生的运输资源"浪费"差异很大,导致不同类别列车的运输产出不是简单的"此消彼长"关系。

因此,在计算多类别列车共线运行的铁路运输能力时,需要考虑不同类别列车对运输资源的争用。具体而言,采用的运输能力计算方法需要具备以下特点。

(1)可以充分体现不同类别列车对固定设备资源的竞争。
(2)可以全面表征运输产出的多种组合。
(3)能力的表征方式直观,便于决策者分析。

5.1.2 既有能力表征方法的局限性

为了体现多类别列车共线运行的运输能力,既有的能力计算方法需要给定多类别列车共线的行车组织方法,作为能力计算的前提条件。例如,分析计算法中利用扣除系数来表征不同类别列车(如旅客列车、快速货物列车和摘挂列车)对运行图时间占用的差异。但是这些处理方法在列车类别很多、不同类别列车之间干扰较为复杂的情况下,存在一定的局限性,使得运输能力的计算结果难以准确、全面地反映运输资源投入与最大运输产品产出之间的定量关系。

1)利用列车数量表征能力的局限性

根据研究现状分析可知,大部分铁路运输能力的研究依然沿用经典的运输能力表征方式,使用列车(对)数表征运输能力。在多类别列车共线运行下,需要明确指定行车组织方法(如给定的不同类别列车比例、列车运行图结构等条件),使计算得到的最大列车数量具有明确对应的行车组织场景。采用这种"一定行车组织方法"条件下的"最大列车数量"表征运输能力在客货混跑的普速铁路中有较好的适应性,因而被长期广泛采用。这是由于在一定的历史时期内,普速铁路货物列车数量占绝对多数,是能力计算的主要研究对象,而旅客列车的数量相对较少,在能力计算中作为已知条件存在。在旅客列车、快速货物列车、摘挂列车的数量给定的条件下,决定通过能力的是普速货物列车,而普速货物列车存在较高的同质性,因而使用最大列车数量表征通过能力,可以对应清晰明了的行车组织场景。

但是,在复杂的行车组织场景(如高速铁路)中,如果简单地按列车数量表征运输能力,无法充分考虑列车对不同需求的满足程度、列车开行的商业价值、列车对沿线地区的辐射作用等市场化的因素,计算得到的运输能力结果对于市场化运营决策的参考意义不大。

2)利用"价值"表征能力的局限性

由于利用列车数量表征运输能力不完全符合当前铁路运输市场化运营的方向,因而部分研究考虑了列车的差异性,基于列车的运行距离、载客量、收益等重要性为列车设置不同的价值权重,并以列车总价值作为运输能力的表征;基于此,将运输能力计算问题归结为"最大'价值'列车运行图"的铺画问题,类比于背包问题提出相应的解决方法。

这种利用价值表征运输能力的方法,根据运营者对列车的偏好(综合考虑列车的成本、收益、开行时段、上座率等因素)赋予列车相应的价值,可以在一定程度上满足市场化运营的需要。但是,采用价值表征运输能力也存在一定的局限性:一是列车的综合价值是一个模糊的概念,各次列车的价值难以客观地给出;二是计算得到的列车总价值这一运输能力的量化指标不够直观,难以根据此值判断车站、员工的作业负荷,也难以指导运行图及其他列车运行计划的制订。

以上铁路运输能力表征方法不能全面、准确地体现铁路运输能力的多维度内涵,其根本原因在于能力简单表征与复杂内涵的矛盾。铁路运输资源投入、生产过程、产品产出都很复杂,铁路运输的产出具有丰富维度的属性,使用过于简单的值表征将使其"坍塌"为单一维度的表征值而造成能力表征失真。然而,对于铁路运输生产实际而言,要求能力计算结果具有一定的概括性,能够将复杂的铁路运输生产场景抽象成一个能够从系统级别体现铁路运输系统资源投入与产出定量关系的指标以辅助决策,使用过于复杂的方式表征对于实际工作的指导意义不大。因此,在多类别列车共线运行的场景下,需要正确处理能力简单表征与复杂内涵的矛盾,更加深入地发掘运输资源利用与运输产出的映射关系,尽可能地将复杂的资源利用情况直观、全面地表征到能力计算结果。

第 5 章　多类别列车共线运行的铁路运输能力计算方法

5.1.3　铁路运输能力的帕累托表征

多类别列车共线运行场景下，不同类别列车的比例、开行时段、停站方案等组合数量很大，难以在这些具体的方面给定既符合现实运营需要，又便于在模型中通过约束实现的行车组织方法。在行车组织方法难以合理、细致给定的情况下，铁路运输能力计算结果便很难符合实际地表征多类别列车共线运行条件下的运输能力。因此，本书采用一种灵活考虑行车组织方式的能力计算思路：首先忽略不易给定的行车组织方法（如运行图结构、列车比例），为了避免行车组织方法不定而导致的偏离实际的问题，通过采用多目标优化的方法将原本的单目标扩展为体现不同类别列车竞争的多目标，充分探索在未给定计算条件下的多种满表运行图。在得到这些满表运行图后，再通过比较分析这些满表运行图的指标、结构等与运输能力的关系，以最符合运营要求的满表运行图作为实际能力。

基于第 2 章提出的铁路运输能力计算特征模型，可以从运输资源角度分析此问题。由特征模型 2-1 可知，铁路运输能力计算问题的目标是最大运输产出，主要约束条件是行车组织方法和运输资源利用状态。参考数学规划的几何解释，可以将铁路运输能力问题构成的解空间作示意图，图片"铁路运输能力计算问题的解空间"请扫描二维码查阅。

铁路运输能力计算问题的解空间

该图片中图 a) 为传统的铁路运输能力计算问题解空间示意图。坐标轴分别代表运输能力计算问题的核心决策变量"移动"，此处按类别将移动分为 2 类。约束条件分为两类：一类是资源运用的约束（即图中的资源约束 1、2），另一类是行车组织方法的约束（即图中的行车组织方法约束 1、2）。图中"蓝色 + 黄色"阴影部分表示当行车组织方法（如不同类别列车比例、列车越行规则等）没有限定时的可行域，结合优化方向可以得到该可行域内能够获得最大列车数（即理论能力），该点是仅在运输资源约束下能够达到的列车数量上限。而设定行车组织方法后，可行域将进一步缩小为符合行车组织方法的子集（即图中黄色阴影部分表示的可行域），此时最大运输产出的方案对应的运输能力即为该行车组织方法下的实际能力。因此，在能力计算前，除了要给出资源约束外，还需要准确地给出行车组织方法约束，割出符合实际行车要求的解空间，才能计算得到令人满意的实际能力。

但是，在多类别列车共线运行的复杂场景中，准确、细致地确定行车组织方法约束比较困难。此外，当行车组织方法约束割去过多解空间时，与资源约束形成的解空间相差较大，计算得到的能力难以表达资源约束下运输产出的全貌。在优化方向上,采用单一的优化方向(最大化列车数)计算能力,只能探索该方向上的最优点,同样会导致运输产出全貌缺失的问题。为了解决以上问题,对铁路运输能力计算问题进行改进,如图 b)所示,一方面适当松弛行车组织方法约束,保留尽可能多的解空间;另一方面将最大化列车数的单目标扩展为"最大化各类列车数"多目标,利用多目标优化的帕累托最优解理论和方法,尽可能多地"扫描"出解空间边界上不同方向的点(即图中"实际能力的各种可能"边界),给出采用不同行车组织方法下所有可能的运输能力,及其对应的移动、资源利用方案和资源状态。

根据以上铁路运输能力问题解空间和优化方向的分析,针对铁路运输产品(列车)复杂,且不同产品(列车)在能力利用上存在竞争关系的问题,可以将"最大化列数"的目标转化为"同时最大化各类列车数",求解此多目标问题的帕累托最优前沿,即可得到以"面"代"点"表达的运输能力的多种可能,而不再仅用单一能力数值来表示能力,如图 5-1 所示。

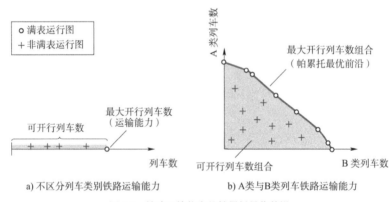

a) 不区分列车类别铁路运输能力　　b) A类与B类列车铁路运输能力

图 5-1　铁路运输能力的帕累托最优前沿

由图 5-1 可以看出,铁路运输能力的帕累托最优前沿是由一系列能力利用可行方案构成的曲面,而多目标能力计算则是在一定的条件下,搜索该曲面上的所有可行点,以还原这个曲面的全貌。

5.2　基于多目标优化的铁路运输能力计算方法

5.2.1　计算思路

由于铁路运输的资源和列车运行过程均很复杂,完整求解此帕累托最优前沿耗时很长,需要对问题进行一定的简化。对于铁路运输能力帕累托最优前沿曲面的计算,采用多目标优化方法的具体步骤如下。

(1)生成备选列车集合并按类别划分。将列车按照竞争关系分组聚类,依据聚类结果构造多目标优化的目标函数集合。

(2)构建多目标能力计算模型。根据问题需要,构造多目标能力计算模型。该多目标能力计算模型可以基于列车流进行能力计算,也可以基于运行图进行能力计算。

(3)求解帕累托最优前沿。采用 ε 约束条件计算得到该多目标优化的帕累托最优解,用该帕累托最优解表示当前给定条件下的能力,该帕累托最优曲面上的点均为运输资源利用率最高的列车运行方案(即满表运行图)。

(4)能力利用评估。分析不同方案在能力利用特点上的差异,以及对运输服务数量和质量指标的影响。

该方法一方面保留了能力计算结果的直观性,管理人员可以容易地根据此结果作出相应决策,避免了需要为列车设置权重的问题;另一方面,由帕累托最优前沿形成的分析样本(满表运行图),足以让管理人员对运输能力的全貌有充分的理解,可以通过人机互动的方式,在帕累托最优曲面上制定或选定最符合运营需要的能力利用格局。

本节使用的数学符号说明见附录 A 的附表 A-5。

5.2.2 基于列车类别的能力计算目标函数

多类别列车共线运行的铁路运输能力计算需要解决的核心问题是不同类别列车对运力资源的竞争,能力计算结果是在竞争中形成的资源分配格局,而帕累托最优解是竞争下资源最大限度分配的多种可能性。采用帕累托最优前沿的表征方式,将列车进行分组,并按组别分别设置多个目标函数,求解多目标优化问题的帕累托最优前沿,以全面地表达铁路网的能力。使用帕累托最优前沿表征铁路运输能力的多种可能性,对于解决我国铁路网运输能力中本线列车与跨线列车的干扰和权衡、货物列车与旅客列车之间的权衡、高等级列车与低等级列车的干扰和权衡、不同停站方案列车的权衡、高峰时段和低峰时段列车运行的平衡等问题具有启发意义。

分析运营决策主要需要考虑不同类别列车对运输资源的竞争,提出以下几个优化目标,可以根据这些竞争关系构造多目标优化的目标函数集。

1)考虑旅客、货物列车竞争

旅客、货物列车对运输资源的竞争主要发生在客货混跑的普速铁路上。在传统的铁路区间通过能力计算方法中,通常将旅客列车的数量看作已知的,利用扣除系数法求解在一定条件下能够通过的最大货物列车数量,进而求得区间通过能力。但是,近些年我国铁路旅客列车和货物列车的开行比例发生了很大的变化,在部分普速铁路干线上,旅客列车占总列车开行数量的比例已经超过50%,在固定设备资源运用方面与货物列车产生了势均力敌的竞争,既有的运输能力计算方法不再适用。因此,考虑旅客列车和货物列车对固定设备资源的竞争关系,按列车类别(旅客列车、货物列车,或进一步细分)进行分类,构造目标函数集如下:

$$\max \sum_{f \in F_t} z_f \quad \forall t \in \mathcal{T} \tag{5-1}$$

式中:t——列车类别;

$\mathcal{T}$——列车类别集合。

2) 考虑不同运行径路列车竞争

不同运行径路列车对运输资源的竞争主要发生在成网条件下,大量的跨线列车开行的场景。列车跨线运行将导致单列车在不同的线路上各占用若干区段的运输资源。就某一条线路而言,本线列车与各类跨线列车在运行图上共同分享区段的运输资源,产生运输资源利用的竞争。因此,可以按照运行径路对列车进行分类,构造目标函数集如下:

$$\max \sum_{f \in F_u} z_f \quad \forall u \in \mathcal{U} \tag{5-2}$$

式中:u——列车运行径路;

$\mathcal{U}$——列车运行径路集合。

3) 考虑不同停站方案列车竞争

不同停站方案列车对运输资源的竞争主要发生在采用交替停站方案的铁路中。我国高速铁路主要采用交替停站的方式安排高速动车组旅客列车在运行径路沿途有选择性地停靠中间站,以兼顾旅客的可达性(避免旅客换乘)和列车的旅行速度(避免过多停站导致旅行速度过低)。列车的停站方案不同,其服务的需求不同,占用的运输资源也不同。例如,"站站停"列车可以保证所有沿途旅客的出行可达性,但由于存在较长的中间站停站时间及因此产生的起停车附加时间,将占用较多的运行图时间;而无中途停站的列车可以使列车达到最高旅行速度,但不利于沿途中间站旅客出行。由此可见,不同停站方案列车服务的需求不同,在能力计算时不能一概而论。这些列车对运输资源产生竞争。因此,可以按照列车的停站方案类别对列车进行分类,构造目标函数集如下:

$$\max \sum_{f \in F_p} z_f \quad \forall \mathcal{P} \in \mathcal{P} \tag{5-3}$$

式中：$\mathcal{P}$——列车停站方案类别；

$\mathcal{P}$——列车停站方案类别集合。

4）考虑高峰与平峰时段列车竞争

不同运行时段列车对运输资源的竞争主要发生在存在明显高峰与平峰运营时段的线路上，如具有明显潮汐客流现象的城际铁路。在这些线路上，为了保证客流高峰期投放最大的运输能力，需要在高峰期来临前将运输资源调至最佳的状态，以便在进入高峰期后能够立即最大限度地利用运输资源。为此，需要将部分动车组资源预先调拨至特定的车站，或者尽可能地清空终到车站的到发线以避免接车能力紧张。而高峰期过后，高峰期的不均衡运输可能会导致某方向的动车组短缺，或车站积压大量列车难以及时开出等，导致运输能力损失。由此可知，为了保证高峰期列车的最大开行，可能牺牲高峰期前后一定时期的运输能力，这是高峰期列车与平峰期列车对运输资源的竞争导致的。因此，可以按照列车的运行时段对列车进行分类，构造目标函数集如下：

$$\max \sum_{f \in F_\tau} z_f \quad \forall \tau \in \mathcal{T} \tag{5-4}$$

式中：τ——列车运行时段；

$\mathcal{T}$——列车运行时段集合。

5）考虑不同社会价值的列车竞争

不同社会价值列车对运输资源的竞争主要发生在以运行货物列车为主，但是需要开行一定数量的公益性旅客列车以满足沿线旅客出行的线路上。这些旅客列车往往是短途的公益性旅客列车，以满足沿线人民的出行需求。此时，如果仅考虑经济效益最大化进行运输资源分配，这些公益性的旅客列车在运输资源竞争中将处于不利地位，很难获得需要的运输资源以支撑列车开行。因此，考虑到平衡各类列车的社会效益，应将不同社会价值的列车进行分类，构造目标函数集如下：

$$\max \sum_{f \in F_s} z_f \quad \forall s \in \mathcal{S} \tag{5-5}$$

式中：s——列车社会价值类别；

$\mathcal{S}$——列车社会价值类别集合。

除此之外，还可以根据实际的运营需求，灵活地构造多目标优化的目标函数集，以体现不同类别列车对运输资源的竞争关系。在构造多目标优化的目标函数集时，列车的类别可以细分为很多个条目（如旅客列车还可以进一步细分为特快、快速、普速旅客列车，货物列车还可以进一步细分为特快、快速、普速货物列车）。分类过多有可能导致多目标优化的目标函数集过多，求解对应的帕累托最优前沿存在困难。即便得到帕累托最优前沿,也可能会因为其维度过多而难以进行有效的分析。因此,在制定目标函数集时,需要尽可能减少列车类别数,通过聚类相同特征的列车,将列车分为 2~3 个类别,使运输能力计算结果及其分析更直观,得到的结论对运营决策的指导性更强。

以上的多目标函数将铁路运输能力计算特征模型(模型 2-1)中的目标函数演绎为最大化对运输资源存在竞争关系的各类别列车数量,是对特征模型目标函数的演绎。

5.2.3 基于列车流的多目标优化模型

基于列车流的多目标优化模型将固定设备资源的利用约束简单地描述为"在某一时段内最多能够通过的列车数量",可以根据车站、区间能力的上限给出。在该模型中,列车的移动被简单地描述为"列车流"。此模型主要用于粗略地求解列车路径竞争情况下的能力分配问题。

模型 5-1　基于列车流的铁路运输能力计算多目标模型

$$\max \sum_{f \in F_w} z_f \quad \forall w \in W \tag{5-6}$$

$$\text{s.t.} \begin{cases} \sum_{f \in F_l} z_f \leq C_l \times \delta_l \quad \forall l \tag{5-7} \\ \sum_{f \in F_s^+} z_f + \sum_{f \in F_s^-} z_f \leq N_s \times \eta_s \quad \forall s \tag{5-8} \\ \sum_{f \in F_w} z_f \leq M_w \quad \forall w \in W \tag{5-9} \end{cases}$$

式中:w——能力计算的某一目标;

W——能力计算的目标集合。

模型 5-1 中,目标函数式(5-6)为同时最大化各类型列车,是多目标函数。约束式(5-7)为区段能力约束,表示各区段运行的列车总数需要满足区间理论通过能力的限制。约束式(5-8)为节点能力约束,表示节点车站的接发车能力满足车站理论通过能力的限制。约束式(5-9)为各类列车运行数量约束,为了保证各类列车的最小开行数量,需要限制部分冷门列车(如跨线列车、特殊停站列车)的最小发车数量,提升铁路运输服务的可达性,以满足多样化的旅客出行需求。

5.2.4 基于运行图的多目标优化模型

基于运行图的多目标优化模型的基本形式与第 3 章基于资源时空状态的模型建模思想基本一致。在给定区间追踪间隔时间、车站间隔时间等参数的条件下,其可以用于求解满表列车运行图。此模型主要用于求解在给定列车开行方案备选集合的条件下,不同列车类别、停站方案、开行时间域等因素对运输能力的影响。基

第 5 章 多类别列车共线运行的铁路运输能力计算方法

于第 3 章提出的基于资源时空状态的列车运行过程描述方法,构造以下时空状态网,用于描述列车的运行过程,如图 5-2 所示。

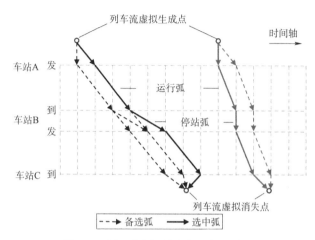

图 5-2 列车运行图运输能力的多目标优化

基于此时空状态网,构造能力计算模型如模型 5-2 所示。

模型 5-2 基于运行图的铁路运输能力计算多目标模型

$$\max \sum_{f \in F_w} z_f \quad \forall w \in W \tag{5-10}$$

$$\text{s.t.} \begin{cases} z_f = \sum_{a \in A_{v_{O_f}}^-} x_a = \sum_{a \in A_{v_{D_f}}^+} x_a & \forall f \in F & (5\text{-}11) \\ \sum_{a \in A_v^+} x_a = \sum_{a \in A_v^-} x_a & \forall f \in F, v \in V_f - v_{O_f} - v_{D_f} & (5\text{-}12) \\ y_{f,r} = \sum_{a \in A_f: r \in R(a)} x_a & \forall f \in F, r \in R & (5\text{-}13) \\ \sum_{f \in F} y_{f,r} \leqslant 1 & \forall r \in R & (5\text{-}14) \end{cases}$$

模型 5-2 中,目标函数式(5-10)为同时最大化各组的列车数量,是多目标函数。约束式(5-11)和约束式(5-12)为流平衡约束,其中约束式(5-11)表示列车 f 对应的列车流在产生节点和消失节点的平衡,如果列车被选中,那么在产生节点产生、在消失节点终结流量为 1 的列车流。约束式(5-13)为闭塞时空资源的占用指示变量约束,表示闭塞时空资源的占用次数等于被选中的、利用该闭塞时空资源的时空弧的数量。约束式(5-14)为闭塞时空资源的占用约束。该多目标优化问题描述的是一个在能力约束下,不同组别的列车通过竞争有限的固定设备资源,以尽可能多地开行列车的问题。

5.2.5 帕累托最优前沿求解方法

帕累托最优解的定义为,对于一个多目标优化问题

$$\min\{f_1(\boldsymbol{x}), f_2(\boldsymbol{x}), \cdots, f_k(\boldsymbol{x})\} \tag{5-15}$$

$$\text{s.t. } \boldsymbol{x} \in S \tag{5-16}$$

解 $\boldsymbol{x}$ 为帕累托最优解的充分必要条件为:在可行域 S 中,不存在其他解 $\boldsymbol{x}' \in S$,使得所有的目标函数同时满足 $f_1(\boldsymbol{x}') \leqslant f_1(\boldsymbol{x}), f_2(\boldsymbol{x}') \leqslant f_2(\boldsymbol{x}), \cdots, f_k(\boldsymbol{x}') \leqslant f_k(\boldsymbol{x})$。其中,$\boldsymbol{x}$ 为优化问题的解向量;$f_k(\boldsymbol{x})$ 为多目标优化问题的其中 1 个目标函数。

对于铁路运输能力计算问题而言,帕累托最优解的含义为:一个包含了多类别列车的运行方案,这个列车运行方案中,至少有 1 类别列车的数量不少于其他所有可能的列车运行方案中该类别列车的数量。换句话说,非帕累托最优解的所有目标函数值(各类列车数)均差于某一帕累托最优解,表示此时运输资源还有继续被利用以实现更大运输产出的余地,说明该解对应的是一个"非满表运行图"。

由所有帕累托最优解构成的帕累托最优前沿的含义为:在运输资源的约束下,铁路运输系统获得"最大产出"的所有可能组合。帕累托最优前沿的形状可以反映不同类别列车对固定设备资源的竞争关系,利用帕累托最优前沿可以比较全面地分析不同类别列车的"此消彼长"的关系,辅助运营决策人员更加深入地认识能力的可能利用状况。

帕累托最优前沿可以利用 ε 约束条件法生成,其基本思路为:构造一个单目标规划模型,该模型的目标函数是多目标规划中的一个目标函数,约束条件除多目标规划中的约束条件外,还包含一个"ε 约束",起到约束多目标规划中其他目标下限的作用。通过不断调整 ε 的取值,改变其他多目标函数的下限,得到帕累托最优解。构造对应于模型 5-2 的 ε 约束模型如下,模型 5-1 的可以类比构造。

模型 5-3 利用 ε 约束将模型 5-2 转化为单目标规划

$$\max c = \sum_{f \in F_{w_0}} P_f \times x_f^0 \tag{5-17}$$

$$\text{s.t.} \begin{cases} \sum_{f \in F_w} z_f \geqslant \varepsilon_w \quad \forall w \in W - w_0 \\ \text{约束式}(5\text{-}11) \sim \text{约束式}(5\text{-}14) \end{cases} \tag{5-18}$$

模型 5-3 中,目标函数为最大化其中 1 个类别的列车数量;相对应地,约束式(5-18)为其余类别列车的最大数量不低于对应的 ε 值。模型求解的是在保证一

定类别列车数量的条件下,剩余的运输资源还能形成多少运输产出。通过改变 ε 的值可以调整其余类别 $(W-w_0)$ 列车数量下限,从而得到在其余类别 $(W-w_0)$ 列车数量限制条件下,某一类别 (w_0) 的最大列车数量。该 ε 约束模型可以利用算法 5-1 计算得到帕累托最优解,构成帕累托最优前沿。

算法 5-1　基于 ε 约束的帕累托最优前沿求解算法

步骤 1:初始化。

令帕累托最优解备选点集合 $P=\varnothing$,多目标模型的每个目标函数简记为 $f_w(x)$。

步骤 2:求解多目标规划的乌托邦点(utopian point)。

For $w \in W$

　　以 $\max c_w = \sum\limits_{f \in F_w} P_f \times x_f^0$ 为目标函数,取约束式(5-11)~约束式(5-14),求得最优解 $c_w^* = f_w(\boldsymbol{x}_w)$

End for

点 $(c_{w_0}, c_{w_1}, \cdots, c_{w_n})$ 即为乌托邦点。

步骤 3:确定 ε 的取值范围。

For $w \in W$

　　令 ε_w 的取值范围为 $[0, c_w]$,由于列车数量为整数,可以得到 ε_w 所有可能取值的集合 $\varepsilon_w \in E_w = \{\varepsilon_w | 0 \leqslant \varepsilon_w \leqslant c_w \wedge \varepsilon_w \in \{0,1\}\}$

End for

步骤 4:求解模型 5-3。

For $\varepsilon_{w_1} \in E_{w_1}$

　　For $\varepsilon_{w_2} \in E_{w_2}$

　　　…

　　　　以给定的 $\varepsilon_{w_1}, \varepsilon_{w_2}, \cdots, \varepsilon_{w_n}$,求解模型 5-3,得到 c_{w_0}

　　　　以 $(c_{w_0}, \varepsilon_{w_1}, \varepsilon_{w_2}, \cdots, \varepsilon_{w_n})$ 作为帕累托备选点,

　　　　$P := P \cup \{(c_{w_0}, \varepsilon_{w_1}, \varepsilon_{w_2}, \cdots, \varepsilon_{w_n})\}$

　　　…

　　End for

End for

(为了方便阅读,使用循环嵌套书写,可以通过递归实现)

步骤 5：筛选帕累托最优解。

根据帕累托最优解的定义，从集合 P 中移除非帕累托最优解，即：

For $x \in P$
   For $x' \in P - x$
     If $f_{w_1}(x) < f_{w_1}(x') \wedge f_{w_2}(x) < f_{w_2}(x') \wedge \cdots \wedge f_{w_n}(x) < f_{w_n}(x')$
       $P := P - x$
       Break
     End if
   End for
End for

步骤 6：输出帕累托最优前沿。

集合 P 中的解为帕累托最优解，构成帕累托最优前沿。

通过以上方法，可以生成体现不同类别列车竞争下的能力利用帕累托最优前沿。借助该帕累托最优前沿，可以分析不同类别列车对固定设备资源竞争的能力结果。求解运输能力帕累托最优前沿需要进一步讨论的问题如下。

(1) ε 的步长设置。ε 的步长一方面决定了求得帕累托最优前沿的精度，另一方面决定了 ε 约束方法的求解复杂度。考虑到列车数量是整数，对列车初始运输产出的加权求和的可能取值是离散的，因而在确定 ε 步长的时候，要根据目标函数可能取值情况进行权衡。

(2) 帕累托最优解的判定。在判定解是否为帕累托最优解时，会发现有部分解是重复的，或不是帕累托最优解，需要采用高效的方法将这些重复的帕累托最优解或非帕累托最优解剔除。

5.2.6 人机交互帕累托最优解比选

多目标优化模型求解得到的解是一组包含多个帕累托最优解的集合，综合地描述了能力利用的边界，在约束条件范围内，提供了大量的能力最大利用的可能性，具有非常重要的理论意义。但是，对于铁路运输能力计算的实际工作而言，提供一组解并不能解决铁路运输能力计算亟待解决的满表运行图选择问题。因此，需要提出一个帕累托最优解的评估方法，供实际工作人员从帕累托最优前沿中比选得到最佳的能力利用方案用于指导铁路运输决策。

图 5-3 为人机交互比选满表列车运行图的流程，图中斜体下画线步骤需要人

工进行选择、输入。"满表运行图"指标可以根据运营需要给定,如列车运行图的静态性能指标、动态性能指标、需求满足程度指标等。

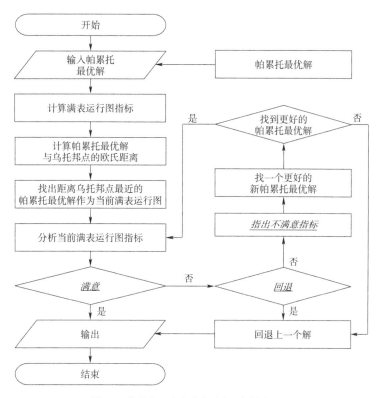

图 5-3 人机交互比选满表列车运行图流程图

帕累托最优解与乌托邦点的欧氏距离的计算公式为:

$$E(\boldsymbol{x}) = \sqrt{\sum_{w \in W}[f_w(\boldsymbol{x}) - f_w(\boldsymbol{x}^{**})]^2} \qquad (5-19)$$

式中:$E(\boldsymbol{x})$——解 $\boldsymbol{x}$ 与乌托邦点的欧氏距离;

$\boldsymbol{x}^{**}$——乌托邦点对应的(不可行)解。

在不满意指标给出后,找一个更好的帕累托最优解 $\boldsymbol{x}^*$ 的条件为:

$$\exists i \in I \quad \delta_i(\boldsymbol{x}^*) \sqsupset \delta_i(\boldsymbol{x}) \qquad (5-20)$$

式中:i——对解 $\boldsymbol{x}$ 的不满意指标;

I——对解 $\boldsymbol{x}$ 的不满意指标集合;

$\boldsymbol{x}^*$——更好的帕累托最优解;

$\sqsupset$——"优于"的运算符。

5.3 案例分析

案例分析采用京津城际铁路(北京南—于家堡,包含南仓联络线)的数据,列车最小追踪间隔时间为 6min。图片"备选集中的列车运行径路及停站方案"请扫描二维码查阅。案例在 1 台 CPU 为 Intel Core i7-7700、内存 16GB 的台式计算机上运行。使用 C#编写程序调用商业求解器 Gurobi 8.1.1。每次调用该商业求解器时,设置最大求解时间限制为 300s。为了保证求解的效率,为每列备选列车设置宽度为 2h 的始发时间窗,列车在中间站的停站时间统一设为 2min(武清站除外,为了允许列车在此处越行,设置最大允许停站时间为 12min),列车运行图标尺按照实际情况给定。按照列车运行径路不同,可以将列车分为 3 组:①北京南—天津;②北京南—天津西;③其他(所有服务于天津—于家堡区段的列车)。按照列车停站类别的不同,将列车分成 3 组:①无中间停站;②1 个中间停站;③2 个及以上中间停站。在求解帕累托最优前沿的算法中,设置 ε 的步长为 1。

备选集中的列车运行径路及停站方案

5.3.1 不同径路列车共线运行能力计算与分析

利用多目标优化模型分析 3 种列车运行径路对能力的竞争性利用情况。通过以上方法,共求解得到 63 个帕累托最优解,构成帕累托最优前沿。为了方便分析结果,通过取截面的方式,将三维的帕累托最优前沿转化为二维坐标系的曲线图。图片"不同运行径路列车的能力竞争关系"请扫描二维码查阅。该图片中,图 a)为给定不同数量北京南—于家堡径路列车下,北京南—天津西径路与北京南—天津径路列车的竞争关系;图 b)为给定不同数量北京南—天津西径路列车下,北京南—于家堡径路与北京南—天津径路列车的竞争关系。

该图片显示,在北京南—于家堡径路列车数量一定的情况下,北京南—天津西径路列车与北京南—天津径路列车的竞争关系几乎呈线性负相关。这是因为这两条径路的列车共用北京南—南仓线路所的通过能力。当北京南—于家堡径路列车数量较少时,曲线存在"外凸"趋势,说明剩余两个径路的列车受北京南—于家堡径路列车的影响较小,能够达到更大的总能力。图 b)显现的趋势类似于图 a)。在更加复杂的网络下,不同径路的列车对线路通过能力的竞争关系更加复杂,在第 6 章案例分析中有具体的体现。

不同运行径路列车的能力竞争关系

5.3.2 不同停站方案列车共线运行能力计算与分析

为了分析不同停站方案的列车对固定设备资源的竞争,利用以上方法求解得到 120 个帕累托最优解。其中,由于求解器的效率限制,有 32 个帕累托解并未被证明为最优解,但是上、下界相对误差均在 3% 以内。利用这些帕累托最优解,可以分析多种停站方案列车在共线运行时的多种能力利用组合及其对应的能力。为了更加全面地分析能力与停站方案的关系,提出以下 4 个运行图的相关指标。

(1) OD 覆盖率。用于表征线路上任意两个车站间出行的旅客在不换乘的条件下完成出行的可能性,是表征停站方案可达性的指标。

(2) 总停站数量。用于表征列车为中间站提供服务的频率。总停站数量越多意味着中间站的服务频率越高,旅客存在越多的乘车选择。

(3) 列车平均旅行速度。用于表征旅客在列车上的旅行时间。

(4) 旅客在出发车站的平均等待时间。假设旅客的到达服从均匀分布,可以用该指标表征旅客在站等待时间。该指标可以用于评价城际铁路公交化的程度。

分别计算 120 个帕累托解的以上 4 个指标,绘制散点图。图片"不同停站方案的运输能力与列车运行图指标的关系"请扫描二维码查阅。该图片中,每 1 个散点代表 1 个帕累托最优解,散点的颜色由 3 类不同停站列车的数量组合决定(色调越偏蓝表示第①类列车越多,色调越偏绿表示第②类列车越多,色调越偏红表示第③类列车越多)。

不同停站方案的运输能力与列车运行图指标的关系

该图片显示,总体而言,第③类列车越多,在一定时间范围内能够通过的列车数量越少,而第①类列车越多,在一定时间范围内能够通过的列车数量越多,这是因为列车在中间站停站越多,对通过能力的额外占用越多。在一定时间内能够铺画的最大列车数量与列车运行图相关指标的关系如下。

(1) OD 覆盖率。由图 a) 可知,当第①类列车占比越大时(蓝色越深), OD 覆盖率越低,同时 OD 覆盖率较低的解均对应较多的列车数量。

(2) 总停站数量。由图 b) 可知,总停站数量与第③类列车的数量明显相关。显然,第③类列车越多,总停站数量越多。同时,第①类列车越多,总停站数量越少。相比之下,适当增加第②类列车的比重,可以在不损失过多通过能力的情况下,保证一定水平的停站数量。

(3) 列车平均旅行速度。由图 c) 可知,第①类列车越多,列车平均旅行速度越高,而第③类列车越多,列车平均旅行速度越低。

(4)旅客在出发车站的平均等待时间。由图 d)可知,与列车平均旅行速度相反,第①类列车越多,旅客在出发车站的平均等待时间反而越长。这是因为开行过多的第①类列车,容易导致在中间站上、下车的旅客需要等待较长时间,对中间站出行的旅客比较不友好。

在这些帕累托最优解中,选取 4 个具有代表性的解进行深入分析。

图片"典型的帕累托最优解及其指标",请扫描二维码查阅,该图片显示,列车运行图的异质性与通过能力的关系可以隐含地通过列车运行线的关系表现出来。为了实现最大通过能力,求得的帕累托最优解对应的运行图中,停站方案相似的列车在允许的情况下总是被安排在一起,而停站方案不同的列车总是被安排成"阶梯停站"的方式,以最节约通过能力的方式排布。

典型的帕累托最优解及其指标

由以上分析可以看出,与仅使用单一的能力计算目标相比,采用多目标优化的方法,对列车进行分组铺画满表列车运行图,可以得到一系列组合不同的帕累托最优解及其对应的满表列车运行图。通过分析这些满表运行图的指标,可以更加全面地评估通过能力值与满表运行图各项指标的关系,使运营决策人员能够更加全面地了解通过能力利用的可能性。

5.4 本章小结

本章采用多目标方法将能力计算的目标从"最大化列车总数"扩展为"最大化各类列车数量",并采用帕累托最优前沿表征所有可能的铁路运输能力;在此基础上,按列车类别划分方法分布给出能力计算的多目标函数,分别构建基于列车流和基于列车运行图的计算模型,采用 ε 约束法求解帕累托最优前沿;采用人机交互的比选方法从帕累托最优前沿解中比选得到符合运营要求的满表运行图及其对应的运输能力。本章提出的多目标铁路运输能力计算方法尝试采用一种新的能力表征方式,解决"最大列车数量"难以表达不同类别列车在争用固定设备资源情况下数量"此消彼长"的关系的问题。

第6章 基于资源的铁路运输能力计算实例分析

6.1 实例分析概述

6.1.1 实例场景简介

本章以郑州铁路枢纽为中心的放射状"米"字形高速铁路和城际铁路网为研究对象,综合运用本书提出的能力计算方法,对该区域内各高速铁路线路及车站的运输能力进行计算分析。中国铁路郑州局集团有限公司(以下简称"郑州局集团公司")管辖范围内高速铁路、城际铁路(2017年初)如图6-1所示。图中,车站名旁的数字为车站编号,区间线旁的数字为区间(区分上、下行)编号。

(1)线路情况。实例采用的线路为郑州局集团公司2017年初管辖范围内的高速铁路和城际铁路线路,包括:京广高速铁路(安阳东—许昌东)、徐兰高速铁路(商丘—灵宝西)2条高速铁路,郑焦城际铁路(郑州—焦作)、郑机城际铁路(郑州东—新郑机场)、郑开城际铁路(郑州东—宋城路)3条城际铁路,以及相关的枢纽联络线。路网中大部分线路为双向线路,部分枢纽联络线为单向线路。

(2)车站情况。实例路网中包括郑州东站和郑州站两个大型枢纽客运站。其中,郑州东站办理大部分京广、徐兰高速铁路及郑机、郑开城际铁路的高速和城际列车的始发、终到和通过作业,郑州站办理郑焦城际铁路城际列车的技术作业,办理少部分京广、徐兰高速铁路列车的始发、终到和通过作业。考虑到郑州站还办理普速铁路旅客列车的技术作业,普速列车与高速列车的作业存在一定的干扰,而且办理的高速(城际)铁路列车相对较少,实例中仅对郑州东站的车站通过能力进行具体的分析。郑州东站是郑州局集团公司管辖范围内规模最大的高速(城际)铁路枢纽客运站,包含京广场、城际场、徐兰场共3个车场,郑州东站平面布置示意图如图6-2所示。由于3个车场相对独立布置,在实例数据中,将这3个车场分别按3个独立的车站处理。城际场与京广场之间的进路,按虚拟区间处理。

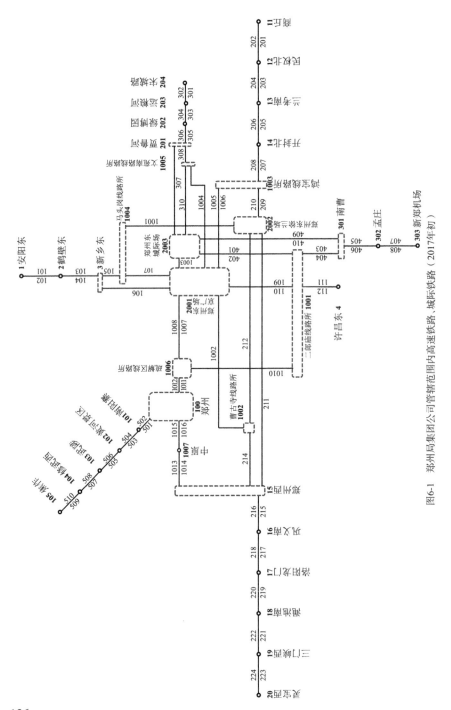

图6-1 郑州局集团公司管辖范围内高速铁路、城际铁路（2017年初）

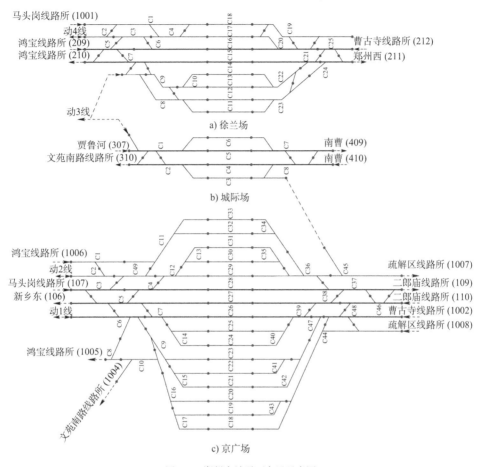

图 6-2 郑州东站平面布置示意图

（3）列车运行径路。为了避免跨线列车折角运行，郑州铁路枢纽设置了大量的枢纽联络线，通过立体交叉的方式，配合车站的合理分工，实现列车运行径路冲突疏解。郑州高速铁路枢纽跨线列车运行径路如附表 B-3 所示。

（4）动车运用所及动车组配属情况。郑州局集团公司管理范围内有郑州动车运用所和郑州东动车运用所两个动车运用所。其中，郑州东动车运用所投入运用的动车组数量为：高速铁路动车组 27 组、城际铁路动车组 2 组。郑州东动车运用所通过 4 条动车出入段线与郑州东站各车场连接，如图 6-2 所示。

（5）计算参数。实例中采用的列车运行图参数[列车运行时分（见附表 B-4）、列车追踪间隔时间标准]、动车组运用参数（动车组始发、终到、立即折返作业时间标准）均采用实际列车运行图编制数据，车站进路的锁闭、解锁时间标准在分数自律调度分数(CTC)系统调度监控显示屏上查定。列车在途中作业车站的停站时间均设为2min(需要在郑州东京广场、徐兰场换向的列车,停站时间设为18min)。

由于部分列车不在实例路网范围内始发终到,需要在局间分界站接入或交出,为了恰当地处理列车接入、交出问题,作出以下假设。

(1)京广高铁、徐兰高铁的基本图列车接入时刻(局间分界口车站的出发时刻)给定,可以在一定的范围内微调。

(2)京广高铁、徐兰高铁上运行的非郑州局集团公司管辖范围内始发终到高速动车组旅客列车,不考虑动车组周转约束。在实际计算中,假定分界口车站可以提供的动车组数量足够多。

(3)郑开城际、郑机城际、郑焦城际铁路的动车组可以混用,高铁动车组与城际铁路动车组不可以混用。

6.1.2 实例分析思路

考虑到实例的路网规模相对较大,涉及列车较多,为了使能力计算与分析更具针对性,提出分层次的能力计算与分析思路,从宏观到微观对实例进行能力计算与分析。具体的分析步骤如下。

(1)根据实际运行图的列车开行结构,生成初始列车备选集F_0。

(2)采用第5章中的基于列车流的多目标模型(模型5-1),考虑列车备选集F_0中不同径路列车的竞争关系,生成用于铺画满表运行图的列车备选集F_1。

(3)在给定备选集F_1的条件下,同时综合考虑固定设备资源(包括区间和车站)和活动设备资源的约束,综合运用第3章和第4章提出的铁路运输能力计算方法,通过铺画满表列车运行图的方式获得实际能力。

(4)综合运用第3章和第4章提出的方法进行实验,分析活动设备资源的配置(动车组数量及配属)对铁路运输能力的影响,分析关键枢纽车站的能力对铁路整体的运输能力的影响。

通过以上步骤进行案例分析,说明本书提出的"多资源""多粒度""多类别列车共线运行"的能力计算方法可以完整、系统地解决各种复杂实际运营场景下的铁路运输能力计算问题,也可用于铁路网络、线路、车站的能力影响因素分析,具有一定的实际应用价值。

6.1.3 列车运行径路及停站方案备选集

根据实际列车运行图中的列车开行径路情况,制定实例分析采用的列车备选

集 F_0,如附表 B-5 所示。因实际列车运行图中的列车数量远小于铺画满表运行图需要备选的列车数量,故将实际运行图中的列车数量加倍。列车备选集中,高速铁路列车备选数量是实际运行图的 4 倍,城际铁路列车备选数量是实际运行图的 8 倍。

6.2 不同径路列车共线运行下的铁路运输能力计算

在路网条件下,考虑不同运行径路列车对能力的竞争关系,在超宏观网络上进行粗略的能力计算,得到多种不同的列车开行方案,为后续的实验提供列车的备选集。由于郑州局集团公司管辖范围内的城际列车主要在本线上运行,跨线的城际列车较少,因而在研究不同径路列车竞争时,只考虑京广高铁和徐兰高铁上运行的动车组旅客列车。将路径按照列车运行径路分组如下。

(1)对于京广高铁,将列车按运行径路分为郑州枢纽始发终到列车(始发终到)、从安阳东接入再由许昌东交出(或相反方向)的本线通过列车(本线通过)和跨线列车。

(2)对于徐兰高铁,将列车按运行径路分为郑州枢纽始发终到列车(始发终到)、从商丘接入再由灵宝西交出(或相反方向)的本线通过列车(本线通过)和跨线列车。

结合实际运行图的列车数量、列车的最小平均间隔时间等因素,区间的理论通过能力均按 180 列/d 给定。使用第 5 章的方法,求解得到区间平行运行图能力约束下的帕累托最优前沿,图片"高铁始发终到、本线通过、跨线列车的运输能力帕累托最优前沿"请扫描二维码查阅。该图片显示,京广高铁和徐兰高铁上,始发终到列车、本线通过列车与跨线列车之间存在运输能力的争用。对于单条线路,以上 3 种不同运行径路的列车在理论通过能力的争用上近似为线性的竞争关系,因而帕累托最优前沿呈现出比较明显的"此消彼长"。但是,从图中可以看出,当跨线列车和通过列车的数量较少时,始发终到列车的数量并不会无节制地增长,而是存在一个比较明显的"平台",这表明在被选集中的始发终到列车数量较少,即便跨线列车和通过列车为其预留了一部分理论通过能力,其也无法完全利用。针对单条线路计算得到的帕累托最优前沿,可以用于权衡线路上开行本线列车和跨线列车的比例。

高铁始发终到、本线通过、跨线列车的运输能力帕累托最优前沿

进一步地,按列车运行径路计算案例路网中所有高速动车组列车的运输能力帕累托最优前沿,图片"所有高铁始发终到、本线通过、跨线列车的运输能力帕累托

最优前沿"请扫描二维码查阅。该图片显示,郑州枢纽始发终到列车与通过列车存在竞争关系。当始发终到列车很少时,继续减少始发终到列车的数量,不会使通过的高速列车增加。这是由于释放的短区段能力无法被长列车利用。当始发终到列车很多时,通过列车与始发终到列车的比例接近1∶1,而始发终到列车较少时,通过列车与始发终到列车的比例接近1∶2,这是由于各区段开行始发列车不均衡。跨线列车与本线列车的竞争关系大致呈线性相关。从图中可以看出,运输能力帕累托最优前沿有"向外凸起"的趋势,这是由于当始发列车较少时,跨线列车与本线列车的竞争相对比较均势;而当始发列车较多时,由于增开的跨线可能充分利用了没有被始发列车直接利用的能力,每增开1列跨线列车对本线通过的影响有所减少。

所有高铁始发终到、本线通过、跨线列车的运输能力帕累托最优前沿

该多目标问题的乌托邦点为(628,428,392)[(通过,跨线,始发终到)]。取与乌托邦点的欧氏距离最近的帕累托最优解(352,152,256),作为后续案例分析的列车备选集F_1。图片"备选集列车运行径路和停站方案"请扫描二维码查阅。

为了体现列车重要性的差异,根据列车的速度等级、发车时段、停站数量等因素,为不同运行径路、停站方案的列车设置不同的权重。具体的设置方法可参考 Ali 等的文献。

备选集列车运行径路和停站方案

6.3 铁路网运输能力计算与分析

基于第6.2节中得到的列车备选集,可以利用第3章、第4章中提出的模拟铺画满表运行图的能力计算方法,对郑州局集团公司管辖范围内的高速铁路网进行能力分析,包括以下内容。

(1)高速铁路成网运行条件下的通过能力。不考虑动车组的资源约束(即假设可以投入运用的动车组数量足够),计算郑州局集团公司管辖范围内高铁线路的通过能力,并分析通过能力影响因素对路网通过能力的影响。

(2)动车组资源对运输能力的影响。分析不同的动车组资源的配置、运用规则对输送能力的影响。

(3)考虑关键枢纽车站约束的运输能力。以郑州东站作为郑州局集团公司管辖范围内的关键枢纽车站,分析车站进路、到发线运用对高速铁路网整体运输能力的影响。

6.3.1 运输能力利用情况分析

首先,分析在成网运行条件的高速铁路运输能力。利用以上数据,结合第3章提出的基于资源类别分解的图解法以及第4章提出的面向粒度自适应的行生成算法,计算得到同时满足区间、车站、动车组运用约束的满表运行图。具体而言,在第4.3节提出的多粒度资源运用协调的铁路运输能力计算方法的"宏观层 + 微观层"框架下(算法4-1),采用第3.3节按资源类别分解的多资源铁路运输能力计算方法(算法3-2)求解宏观层问题,再采用第4.3.2小节中的算法4-1的步骤2至步骤5求解微观层问题。

分析满表运行图的结构可以发现,在成网运行条件下,铁路区间的能力利用情况存在一些特点,具体分析如下。

1) 区间列车数量分析

图片"各区间满表运行图区段列车数"请扫描二维码查阅。在路网跨线列车、本线列车共线运行的条件下,考虑区间、车站资源约束(包括动车组立即折返对股道的占用),满表运行图中高速铁路区间运行的列车数量可以达到130 ~ 140 对/d。该图片显示,在路网条件下铺画满表列车运行图时,并非所有的区间都可以满负荷运行列车,部分区间中运行的列车数量明显少于其他区间。图 b) 中的郑州东徐兰场—郑州西区间(即郑西贯通线),由于徐兰高铁部分列车经由郑州站而非郑州东站(主要是京广高铁与徐兰高铁的西—南方向的列车及郑州始发往西安方向的列车),因而该区间的列车数要明显少于徐兰高铁其他区间的列车数。除此之外,如图 c) 中的二郎庙线路所—南曹区间运行的列车为郑焦城际与郑机城际的跨线城际列车。这条径路的列车在备选集合中较少,因而列车数也很少。

各区间满表运行图区段列车数

按考虑资源约束的区别给出3种不同颜色的系列。通过比较不考虑动车组及车站资源约束(仅考虑区间资源约束)、考虑动车组而不考虑车站资源约束、考虑动车组和车站资源约束这3种不同资源约束可知:总体而言,考虑的资源约束越多,列车运行图的铺画限制条件越多,运输能力越小。但是,部分区间存在相反的情况,考虑的资源约束多其运行的列车数量反而较多,如徐兰高铁巩义南—灵宝西的若干区段。这些区段在考虑了车站资源约束后,满表运行图中运行的列车数量反而比不考虑车站资源约束多。这是由于郑州东站徐兰场向西安方向接发列车的通过能力有限,为此满表运行图中利用郑州站始发列车替代郑州东站徐兰场始发列车,使徐兰高铁郑州西以西的区间运行的列车数量增加。该现象表明,当考虑更全面的资源约束后,铁路运输能力的瓶颈可能发生转移,需要采取更加灵活的运输组织方法充分利用路网的运输能力。

由图 c)和图 d)可知,郑机、郑开城际铁路的运输能力受活动设备资源的影响很大。由于配属于郑州东动车运用所的城际铁路动车组数量较少,动车组的数量及其运用方法成为城际铁路的瓶颈,而这 2 条城际铁路的区间通过能力有较大的富余。郑机、郑开城际铁路运输能力的影响将在以下案例中具体分析。

2)列车运行图结构分析

进一步分析在路网条件下的铺画的满表列车运行图结构。在路网条件下,大量的跨线列车开行,这些列车在每条线路上仅占用一部分区间能力,而在剩余的区间上产生大量的未占用的区间能力"碎片",不便于其他列车利用。图片"由于跨线列车开行导致的区间通过能力空费"请扫描二维码查阅。

该图片显示,由于跨线列车的开行(图中加粗红色列车运行线),部分较短的区段的能力"碎片"难以被利用,存在一定的能力损失,包括以下两个方面。

(1)由于相应时段没有合适运行径路的列车填补空缺造成的能力损失。由于跨线列车的开行跨越多条线路,每条线路中只占用部分区间的能力。剩余区间的能力虽然没有被占用,但却被跨线列车分割为很多的能力"时空碎片"(如图中蓝色阴影多边形),这些碎片化的能力需要满足一定运行径路条件的列车(如短途列车,或恰好途经这些"碎片"区间的跨线列车)才能被利用。但是,在实际运行图铺画中,这些短途列车往往是不受欢迎的,而恰好途经这些"碎片"区间的跨线列车需要非常巧妙地安排时刻才能妥当地利用这些"碎片",对编图人员的水平提出很高的要求。

(2)由于跨线列车时间间隔难以协调至最小造成的能力损失。跨线列车与多条线路上运行的列车都会产生相互干扰,在铺画列车运行线时很容易顾此失彼,导致跨线列车在某些线路上与前后行列车的间隔较大,产生运输能力的浪费(如图中橙色列车运行线)。在实际的列车运行图铺画中,跨线、跨局的列车运行线由不同的铁路局集团公司负责铺画,在局界口还存在交出、接入列车时刻的协调问题,进一步增大了列车运行时刻的协调难度。

通过分析路网条件下满表运行图的结构特点,可以得到以下关于路网运输能力利用的启示。

(1)合理安排不同径路列车的时空分布。在铺画路网列车运行图时,需要合理安排不同运行径路列车的数量及其时空分布,争取减少或充分利用跨线列车开行产生的能力"碎片"。

(2)鼓励旅客采用中转的运输组织模式。由于跨线列车很容易产生能力"碎片",特别是当列车跨 2 条以上线路运行时,会对路网的运输能力产生较大的不利影响。为此,可以考虑在运输组织模式层面进行调整,减少跨线列车的开行,增加短途列车开行以充分利用能力"碎片",并采取相应的配套措施鼓励旅客通过换乘出行,以提升路网运输能力。

6.3.2 动车组资源对运输能力的影响

在给定列车备选集、列车权重的条件下,求解满表运行图。模型中考虑不同的动车组数量、配属方案、周转条件等因素对运输能力的影响。在不同的动车组数量下,考虑区间、车站和动车组运用,计算得到满表列车运行图中高速铁路列车的数量如表 6-1 所示。

表 6-1 郑州东动车所不同动车组运用数量下的高速列车数量(单位:列/d)

高铁动车组数量(组)	京广场始发终到	徐兰场始发终到	郑州始发终到	始发终到合计	所有高速列车合计
10	65	33	30	128	541
20	73	33	32	138	558
30	71	34	30	135	555
40	67	32	30	129	555
不受限	109	42	32	183	605

由表 6-1 可知,由于郑州东动车所配属的动车组基本不担当郑州站始发的高速列车,因而动车组数量对郑州站始发终到列车的数量影响较小。随着高铁动车组数量的增加,郑州东京广场、徐兰场始发终到的列车的总和呈增长趋势。其中,主要增加的是京广场始发终到的列车,该现象与列车初始运输产出的设置相关(附表 B-6)。当高铁动车组数量从 10 组增加至 20 组时,始发终到列车和所有高速列车的数量增加比较明显。但是,由于区间与车站通过能力的限制,从 20 组动车组开始,继续增加高铁动车组数量并不会导致列车数量的明显增加。由此可见,综合考虑固定设备与活动设备的适配,可以比较合理地确定动车组列车的配属数

量。从以上数据可以大致推测,考虑热备、高级检修等情况,郑州东动车所配属动车组 20~30 组较为合理,与当前的动车组图定运用数量 27 组比较接近。除此之外,综合考虑区间、车站、动车组资源约束计算得到的运输能力与仅考虑区间能力得到的运输能力差距较大,说明考虑多资源约束的能力计算在面向运营的能力计算中很有必要。

计算得到满表列车运行图中城际铁路列车的数量如表 6-2 所示。当动车组数量小于 12 时,随着城际动车组数量的增加,城际列车开行的总数也随之增加。由于郑开、郑机城际铁路上运行的城际列车均有郑州东动车所配属的城际动车组担当,因而城际动车组数量对这 2 条线路的列车开行数量影响较大。综合考虑区间、车站、动车组资源的运输能力计算结果与仅考虑区间资源的能力计算结果差距较大,主要由于车站能力限制(在以下章节中具体分析)产生。

郑州东动车所不同动车组运用数量下的城际列车数量(单位:列/d)　　表 6-2

城际动车组数量(组)	郑开城际	郑机城际	郑焦城际	所有城际列车合计
1	6	60	49	115
2	17	81	49	147
4	23	89	48	160
8	38	80	49	167
10	38	100	49	187
12	38	101	49	188
14	38	100	49	187
不受限	108	152	51	311

根据以上分析可知,动车组的数量对运输能力,尤其是对影响始发终到列车较多的线路的运输能力有较大的影响。在确定动车组这类活动设备的运力资源配置时,需要充分考虑活动设备资源的运用与固定设备资源运用的协调,确定合理的配属数量,应避免动车组配属过多导致的资源运用效率低下,也应避免动车组配属过少导致的线路通过能力不能充分发挥。

6.3.3 关键枢纽车站对运输能力的影响

由图"各区间满表运行图区段列车数"可知,车站通过能力是路网整体运输能力的重要组成部分,为此需要针对郑州东站研究高速铁路枢纽的关键车站与路网能力的关系。首先,分析车站通过能力对路网运输能力的限制作用;然后,具体分析郑州东站能力利用情况,识别车站的能力瓶颈,为优化车站作业组织、提升车站通过能力和路网的运输能力提供参考依据。

1) 车站通过能力对路网运输能力的限制作用

在考虑动车组在车站立即折返对股道占用的条件下,郑州东站各方向接发列车数量如表6-3所示。表6-3分别列出了考虑和不考虑车站通过能力铺画得到的满表列车运行图中,车站各车场的接发车数量。

郑州东站各方向接发列车数量(单位:列/d) 表6-3

车场	接发车方向	运输能力		列车数量差
		不考虑车站通过能力	考虑车站通过能力	
京广场	马头岗线路所(接)	116	107	-9
	新乡东(发)	136	133	-3
	鸿宝线路所(接)	26	21	-5
	鸿宝线路所(发)	27	26	-1
	疏解区线路所(接)	10	13	3
	疏解区线路所(发)	27	22	-5
	二郎庙线路所(接)	102	92	-10
	二郎庙线路所(发)	130	106	-24
	曹古寺线路所(接)	15	20	5
徐兰场	鸿宝线路所(接)	92	73	-19
	鸿宝线路所(发)	97	86	-11
	马头岗线路所(接)	12	17	5
	曹古寺线路所(接)	82	70	-12
	郑州西(发)	57	63	6

续上表

车场	接发车方向	运输能力		列车数量差
		不考虑车站通过能力	考虑车站通过能力	
城际场	贾鲁河（接）	108	38	−70
	文苑南路线路所（发）	104	38	−66
	南曹（接）	144	97	−47
	南曹（发）	144	95	−49
总计	—	1429	1117	−312

注：考虑车站能力时，输入的动车组数量足够。铺画满表运行图时，同时考虑了动车组周转以体现立即折返作业对车站到发线的占用。

由表 6-3 可知，在考虑了车站通过能力后，满表运行图中接发列车的总数比不考虑车站通过能力小，体现了郑州东站的车站通过能力对路网运输能力的制约作用。其中，郑州东站主要方向的接发车数量均有所减少，显然是由于车站到发线、进路等冲突。但是，郑州东站部分方向的列车数却有所增加，这些列车数增加的方向大多数为郑州东站与线路所衔接的非主要接发车方向，向这些方向接发的列车多为跨线列车。当主要接车方向的能力紧张时，这些非主要的接发车方向可以适当多接入或发出列车，以平衡车站主要接发车方向的负荷。此现象表明，当考虑车站通过能力时，路网整体的运输能力瓶颈可能发生转移，部分区间能力不甚紧张的方向可能在考虑车站能力后变为能力紧张的方向，因而在铺画列车运行图时，需要考虑由于车站能力导致的能力瓶颈，深入研究能力瓶颈随列车开行结构变化的转移规律。

由表 6-3 可知，郑州东站城际场接发列车数量受车站通过能力的影响较大。为此，具体分析郑州东站城际场的车站作业计划（局部），图片"郑州东站城际场车站满表运行图对应的作业计划（局部）"请扫描二维码查阅。该图片显示，郑州东站城际场的到发线利用率很高。这是由于郑州东站城际场同时办理郑机、郑开城际铁路的始发终到列车，大量的始发终到列车需要在股道上进行立即折返作业，对到发线的占用时间较长。

郑州东站城际场车站满表运行图对应的作业计划（局部）

根据郑州铁路枢纽规划,郑机、郑开城际铁路的始发终到作业应在郑州南站城际场办理,而郑州东站城际场作为城际铁路的"中间站"本应主要办理列车的通过作业。但是,案例分析年度郑州南站尚未建成,因而城际铁路列车的始发终到作业暂时在郑州东站办理。从长远来看,可以通过取消大部分始发终到列车,并将郑机、郑开城际铁路贯通运营,以提升郑州东站城际场通过能力。

2)郑州东站通过能力瓶颈分析

统计分析郑州东站各车场各轨道电路区段的能力利用率,图片"郑州东站运输能力利用率"请扫描二维码查阅。该图片显示,郑州东站各车站的能力利用率分布各不相同。京广场能力利用率最高的轨道电路区段为北京西发车方向的轨道电路区段(C5),徐兰场和城际场能力利用率最高的轨道电路区段为到发线(分别为C18和C6)。

郑州东站运输能力利用率

郑州东站各场总体能力利用率如表6-4所示。郑州东站各场的轨道电路区段平均能力利用率不同。其中,受城际列车在到发线上长时间停留进行立即折返作业影响,城际场的轨道电路平均能力利用率最高。而京广场和徐兰场的到发线平均能力利用率均高于南、北咽喉的轨道电路平均能力利用率。值得注意的是,此处的能力利用率是因轨道电路闭锁,占用时间与总时间的比值。除了轨道电路锁闭时间以外,还存在大量的轨道电路未闭锁,但是已经难以利用的时间"碎片",难以用于办理完整的作业进路。

郑州东站各场总体能力利用率(单位:%) 表6-4

车场	到发线平均能力利用率	咽喉的轨道电路平均能力利用率		轨道电路平均能力利用率	最高能力利用率	最高能力利用率所在轨道电路
		北	南			
京广场	26.05	20.11	16.03	20.49	59.90	C5
徐兰场	25.43	17.31	15.29	19.34	53.80	C18
城际场	67.93	16.48	33.75	46.53	78.15	C6
(全站)	32.31	18.90	17.24	22.74	78.15	城际场C6

此外,徐兰场的到发线轨道电路区段C18利用率较高,这是因为京广高铁(北)至徐兰高铁(西)运行径路的列车只能接入徐兰场的2条到发线(C17或C18轨道电路对应的到发线),必须采用这2条到发线办理接发车作业的列车较多(共17列),导致这些到发线的能力利用率明显高于其他到发线。

由以上分析可知,同样在考虑区间、车站和动车组资源的约束下,郑州东站的能力利用情况与第 4 章中的北京南站城际场、天津站城际场存在一定的差异。郑州东站京广场、徐兰场以办理通过列车为主,其运输能力的瓶颈往往位于其最繁忙接发车方向的咽喉轨道电路区段上(如京广场轨道电路区段 C5、徐兰场轨道电路区段 C7);而以办理始发终到列车为主的郑州东站城际场、北京南站城际场、天津站城际场,办理大量的始发终到作业,动车组在到发线上的停留时间较长。此外,2 次立即折返作业之间产生的时间"碎片"更难被利用,因而其运输能力的瓶颈往往是到发线。由此可见,车站的能力瓶颈不仅取决于其布置图,还取决于车站的作业类型及其数量结构,因而在车站的设计和改建工作中,需要结合车站的设备布置和作业方式对能力进行具体的分析。

6.4 本章小结

本章通过综合运用第 3 章~第 5 章提出的能力计算方法,计算郑州局集团公司管辖范围内高速铁路和城际铁路网的运输能力。案例分析表明:本书提出的多资源、多粒度、多类别列车共线运行的铁路运输能力计算方法可以用于计算和分析大规模、复杂运营场景下的铁路运输能力。通过分析满表列车运行图及其相关指标,可以得到支撑运营决策的结论。

第6章 基于资源的铁路运输能力计算实例分析

根据郑州铁路枢纽规划,郑机、郑开城际铁路的始发终到作业应在郑州南站城际场办理,而郑州东站城际场作为城际铁路的"中间站"本应主要办理列车的通过作业。但是,案例分析年度郑州南站尚未建成,因而城际铁路列车的始发终到作业暂时在郑州东站办理。从长远来看,可以通过取消大部分始发终到列车,并将郑机、郑开城际铁路贯通运营,以提升郑州东站城际场通过能力。

2)郑州东站通过能力瓶颈分析

统计分析郑州东站各车场各轨道电路区段的能力利用率,图片"郑州东站运输能力利用率"请扫描二维码查阅。该图片显示,郑州东站各车站的能力利用率分布各不相同。京广场能力利用率最高的轨道电路区段为北京西发车方向的轨道电路区段(C5),徐兰场和城际场能力利用率最高的轨道电路区段为到发线(分别为C18和C6)。

郑州东站各场总体能力利用率如表6-4所示。郑州东站各场的轨道电路区段平均能力利用率不同。其中,受城际列车在到发线上长时间停留进行立即折返作业影响,城际场的轨道电路平均能力利用率最高。而京广场和徐兰场的到发线平均能力利用率均高于南、北咽喉的轨道电路平均能力利用率。值得注意的是,此处的能力利用率是因轨道电路闭锁,占用时间与总时间的比值。除了轨道电路锁闭时间以外,还存在大量的轨道电路未闭锁,但是已经难以利用的时间"碎片",难以用于办理完整的作业进路。

郑州东站运输能力利用率

郑州东站各场总体能力利用率(单位:%) 表6-4

车场	到发线平均能力利用率	咽喉的轨道电路平均能力利用率		轨道电路平均能力利用率	最高能力利用率	最高能力利用率所在轨道电路
		北	南			
京广场	26.05	20.11	16.03	20.49	59.90	C5
徐兰场	25.43	17.31	15.29	19.34	53.80	C18
城际场	67.93	16.48	33.75	46.53	78.15	C6
(全站)	32.31	18.90	17.24	22.74	78.15	城际场C6

此外,徐兰场的到发线轨道电路区段C18利用率较高,这是因为京广高铁(北)至徐兰高铁(西)运行径路的列车只能接入徐兰场的2条到发线(C17或C18轨道电路对应的到发线),必须采用这2条到发线办理接发车作业的列车较多(共17列),导致这些到发线的能力利用率明显高于其他到发线。

由以上分析可知,同样在考虑区间、车站和动车组资源的约束下,郑州东站的能力利用情况与第 4 章中的北京南站城际场、天津站城际场存在一定的差异。郑州东站京广场、徐兰场以办理通过列车为主，其运输能力的瓶颈往往位于其最繁忙接发车方向的咽喉轨道电路区段上（如京广场轨道电路区段 C5、徐兰场轨道电路区段 C7）；而以办理始发终到列车为主的郑州东站城际场、北京南站城际场、天津站城际场，办理大量的始发终到作业，动车组在到发线上的停留时间较长。此外，2 次立即折返作业之间产生的时间"碎片"更难被利用，因而其运输能力的瓶颈往往是到发线。由此可见，车站的能力瓶颈不仅取决于其布置图，还取决于车站的作业类型及其数量结构，因而在车站的设计和改建工作中，需要结合车站的设备布置和作业方式对能力进行具体的分析。

6.4 本章小结

本章通过综合运用第 3 章～第 5 章提出的能力计算方法，计算郑州局集团公司管辖范围内高速铁路和城际铁路网的运输能力。案例分析表明：本书提出的多资源、多粒度、多类别列车共线运行的铁路运输能力计算方法可以用于计算和分析大规模、复杂运营场景下的铁路运输能力。通过分析满表列车运行图及其相关指标，可以得到支撑运营决策的结论。

第7章 结论与展望

7.1 研究工作总结

本书基于铁路运输资源种类、利用特点、描述方式的分析,对铁路运输能力计算问题展开了研究。首先,基于移动和资源要素,构建铁路运输能力计算特征模型,抽象地表达列车运行过程、运输资源状态及二者的互动关系,并结合铁路运输能力计算的关键问题,将特征模型演绎为多资源、多粒度、多类别列车共线运行3个具体的能力计算问题。研究表明,铁路运输资源是运输能力形成的基础,在研究复杂条件下的铁路运输能力计算问题时,可以以铁路运输资源作为突破口,深入分析和研究运输资源的运用特点,这对铁路运输能力计算、运输能力利用策略优化及运输能力加强措施等工作都具有非常重要的理论和实际意义。

在考虑多资源适配的铁路运输能力计算问题中,分别利用基于资源请求冲突和基于资源时空状态的建模方法,描述不同类别的运输资源运用特征,构建铺画满表运行图的能力计算模型,针对模型的特点提出按时间域分解和按资源类别分解两种求解方法以解决大规模的满表运行图铺画问题。研究表明,不同种类的铁路运输资源存在复杂的互动关系,因而需要在能力计算中体现资源间的互动关系。

在考虑多粒度资源运用协调的铁路运输能力计算问题中,分析了铁路点、线能力利用协调问题的特征,给出了列车运行过程的宏观和微观表达,分析了多种粒度列车运行过程表达的一致性关系;基于此,提出了多粒度能力计算模型和面向粒度自适应的行生成算法,实现了宏观与微观运输能力计算的协调统一。研究表明,细粒度的模型有利于精确识别运输能力瓶颈,深度揭示能力瓶颈的发生和转移规律,而粗粒度的模型效率更高,对研究运输能力利用的大范围态势具有重要意义。因此,在运输能力计算时,应注意平衡精度与计算效率,实现宏观粒度与微观粒度的统一。

在多类别列车共线运行的铁路运输能力计算问题中,分析了既有采用列车数量或换算列车数量表征运输能力的局限性,提出了以"面"代"点"的运输能力表征方法,用列车类别的帕累托最优前沿表征铁路运输能力,以更加全面、准确地表征铁路运输能力的多维度内涵;提出了对应的多目标优化方法求解帕累托最优前沿及其人际交互的帕累托最优解比选方法,供运营决策者比选得到理想的帕累托最优解。研究表明,铁路运输能力是一个复杂的概念,应使用既全面又直观的铁路运输能力表征方式,以体现铁路运输能力的多维度内涵,准确地衡量运输资源约束下的最大运输产出。

以上研究内容的成果主要是铁路运输能力的计算方法。这些计算方法分别在各章的案例分析及第6章的实例分析中得到验证。实例分析表明:本书提出的多资源、多粒度、多类别列车共线运行的能力计算方法可以完整、系统地解决各种复杂实际运营场景下的铁路运输能力计算问题,也可用于铁路网络、线路、车站的能力影响因素分析,具有一定的实际应用价值。

7.2 研究展望

随着本书研究的推进,一些关于铁路运输能力的新问题逐渐涌现。这些问题的出现表明,铁路运输能力是一个值得深入挖掘的问题。但由于精力所限,作者未能就这些涌现的新问题一一进行深入、系统的研究。为此,将这些问题逐一列出,有待日后深入探索,亦希望有识之士能够参与相关问题的讨论与研究。

1) 支撑铁路运输能力计算的运输资源体系

本书提出了一个基于资源的铁路运输能力计算特征模型。特征模型中描述的资源是抽象的、不特定的运输资源,理论上可以涵盖支撑列车运行的各类资源。但由于本书篇幅和作者精力所限,本书仅就两种典型的运输资源类别(即固定设备资源和活动设备资源)进行了具体的研究,为了突出这些资源的主要特征,还对这些资源运用的规则进行了相对粗糙的简化,在数学建模、案例分析部分只考虑了固定设备和移动设备中最关键的"资源状态"特征。在后续的研究中,一方面可以完善固定设备资源和活动设备资源的"资源状态",使计算得到的运输能力体现复杂资源状态的影响;另一方面,还可以在特征模型的框架下,根据运营场景对于能力研究的要求,考虑引入一些对铁路运输系统能力影响比较显著的资源进行研究,如一些专业性较强岗位的人力资源、一些牵引供电系统设计比较特殊的线路的电力资源等,以扩充能力的研究范畴,丰富多资源的运输能力计算方法。除此之外,对于货运系统,还应着重分析在现有的货运组织模式下,列车在编组站的解体、编组等作业产生的活动资源多粒度化的问题。

2) 铁路运输能力与复杂的运输需求的关系

铁路运输能力归根结底是一种满足客货运需求的能力。铁路运输系统的最终目的是实现旅客和货物的位移,列车是旅客和货物位移的服务载体。本书从始至终均未讨论具体的客流和货流需求与能力的关系,而是将客、货需求简单地抽象为各类列车的开行数量或其对应的运输产出。这种处理方式隐含的一个假设是:旅客和货物已经在运输能力利用计划之前分配至列车上,"人随车走""货随车走",客、货流与列车的对应关系简单明确。特征模型中的移动需要进一步地细化至具体的客、货需求,而非本书研究的列车。例如,如果考虑换乘的运输组织模式,旅客或货物在铁路运输系统中的流动路径将不再直接与列车运行线相对应,需要进一步研究运输需求与列车运行的互动关系,进而研究铁路运输系统最大的客、货需求满足程度。为此,存在以下有待研究的具体问题。

(1) 客货运需求在不同能力利用策略下的差异和演化规律。如在实施春运图期间,客流需求和货流需求是如何选择出行服务的?与日常有何区别?

(2) 需求结构对于能力利用策略的影响力。需求结构影响路网的列车开行方案和列车开行时段,应如何将这些与需求结构相关的因素纳入铁路运输能力计算的研究范畴中?

(3) 服务水平与能力利用的关系。包括服务水平指标与能力指标之间的定量关系。

3) 铁路运输能力中效率、质量、公平性之间的关系

在铁路运输能力非常紧张,对运输质量要求可适当妥协的时代,运输能力的绝对数量是研究的重点。但是,对铁路运输服务质量要求较高的国家,对于铁路运输能力的研究非常关注能力利用与服务质量的矛盾。目前,我国高速铁路干线的运输能力虽然也比较紧张,但是作为铁路高质量服务的一个品牌,即便在能力紧张的条件下,运营质量也受到大量的关注。因此,如何平衡能力利用与服务质量的关系,在高速铁路大规模运营的将来会成为一个受到关注的问题。

同时,鉴于铁路运输系统在社会经济和综合运输体系中的地位,以能力最大化利用为代表的"效率优先"观点,须让渡部分利益予以能力的公平分配为代表的"兼顾公平"观点。能力最大化利用不是能力利用的唯一目标。除了最大化能力利用外,还应考虑能力利用在不同乘客群体、旅客运输和货物运输、不同运营主体之间的公平性,以提升铁路运输系统的社会效益。

4) 复杂铁路运输系统能力计算与评估的数学分解方法

在具体的能力计算方法方面,本书利用数学优化的模型与算法铺画满足资源约束的满表运行图,以实现铁路运输能力计算的图解法。本书提出的分解方法属于"去中心化"的分解方法,虽然适用于分布式计算,但是存在鲁棒性较差的问题。

因此，在日后关于算法的研究中，应着力于提升模型和算法的灵活性和鲁棒性。例如，是否存在更加优秀的策略，通过增加分解的监督层，以提升问题求解的鲁棒性。综合运用按资源类别分解、按时间域分解、按空间域分解、按路径分解等方法以提升计算效率，设计并行计算、基于问题特性的启发式方法，并研究利用更加简单的策略等效替代复杂的能力计算方法。

附录A 符号定义

第2.1节使用的数学符号　　　　　　　　　　　　　　　　附表 A-1

符号	含义
m	移动,可具体记为 $m[(l,t),(l',t')]$
l	位置
t	时刻
M	移动簇,$m \in M$
M_C	可行移动簇集合,$M \in M_C$
r	资源
s	某个资源的状态
S	系统时变资源状态
S_C	可行系统时变资源状态集合,$S \in S_C$
H	资源分配方案
c	运输能力
M_0	移动备选集合
x_m	0-1变量,移动 m 存在于被选中的移动簇 M 时取值为1,否则取值为0
$y_{r,t,s}$	0-1变量,当资源 r 在 t 时刻状态为 s 时取值为1,否则取值为0
$h_{m,r}$	0-1变量,移动 m 选择资源 r 时取值为1,否则取值为0
R_m^g	移动 m 所占用的资源分组 g 中的资源集合
$S_{m,r,t}^B$	移动 m 占用资源 r,资源 r 在 t 时刻的充要条件状态集合
$S_{m,r,t}^C$	移动 m 占用资源 r,资源 r 在 t 时刻的必要条件状态集合
$S_{r,t}$	资源 r 在 t 时刻的所有可能状态集合

第3.2节使用的数学符号　　　　　　　　　　　　　　　　附表 A-2

符号	含义
$s, \Gamma(s \in \Gamma)$	车站,车站集合
$e, \Pi(e \in \Pi)$	区间,区间集合

续上表

符号	含义
$f, F(f \in F)$	列车,列车集合
F^B	基本图列车集合
$F_0^+ 、 F_0^-$	动车组出段、入段空车底列车集合
Γ_f	列车 f 运行径路上的车站集合
Π_f	列车 f 运行径路上的区间集合
$\lambda_e 、 \gamma_e$	区间 e 的起始、终止车站
$\delta_f 、 \omega_f$	列车 f 的始发、终到车站
k	车站股道
K^s	车站 s 的股道集合
V_f^s, U_f^s	列车 f 在车站停站、不停站可选择股道集合
M	足够大的常数
$E_f 、 L_f$	列车在始发站的最早、最晚出发时刻
$R^e 、 A^e 、 D^e$	列车在区间 e 的纯运行时分、启动、停车附加时分
$H_{f,f'}^e$	列车 f' 在区间追踪列车 f 运行的间隔时间
P_f^s	列车 f 在车站 s 的最小停站时间
τ_k	股道 k 的最小占用间隔时间
$c_{f,f'}^s$	接连担当列车 f 与 f' 的动车组在车站 s 最小接续时间
F^*	集合变量,被选中铺画的列车集合
$a_f^s 、 d_f^s$	整数变量,列车 f 在车站 s 的到达、出发时刻
z_f^s	0-1 变量,列车 f 在车站 s 停站为 1
$u_{f,f'}^s$	0-1 变量,列车 f 先于列车 f' 到达车站 s 为 1
$b_{f,f'}^s$	0-1 变量,担当动车组担当列车 f 后在车站 s 立即折返担当列车 f' 为 1
x_f^k	0-1 变量,列车 f 选择股道 k 为 1

第 3.3 节使用的数学符号　　　　　　　　　　　　　　附表 A-3

符号	含义
s	车站
S_{TR}	允许动车组办理立即折返作业的车站集合

附录A 符号定义

续上表

符号	含义
(s_1, s_2)	区间(使用起点和终点车站的二元组表示)
$f, F(f \in F)$	列车,列车集合
ω	折返股道
t	离散化的时间索引
$e \in \{\text{Arr}, \text{Dep}\}$	作业类型(Arr表示到达作业,Dep表示出发作业)
s_f^o、s_f^m	列车f的始发车站、终到车站
V	节点集合
V^{wait}	动车组等待节点集合
v	动车组等待节点(一般化表示)
$v^-(s)$、$v^+(s)$	车站s的动车组生成、消失节点
u	列车服务节点(一般化表示)
u_f	属于列车f的列车服务节点(一般化表示)
$A^+(u)$、$A^-(u)$	进入、离开节点u的弧集合
A_f	属于列车f的弧集合,有$A_f = AS_f \cup AC_f$
$AC^+(v)$、$AC^-(v)$	进入、离开动车组等待节点v的动车组上、下线弧集合
AE	动车组等待弧集合
$AE^+(v)$、$AE^-(v)$	进入、离开动车组等待节点v的动车组等待弧集合
b	闭塞分区
$B(a)$	与弧a相关联的闭塞分区集合
$r_{b,t}$	闭塞行车资源(闭塞分区b在t时刻对应的闭塞行车资源)
R	所有的闭塞行车资源集合
$R(a_f)$	与弧a相关联的闭塞行车资源集合
T	时间轴长度
$d_f(a_f)$	当列车运行弧a_f选中时,列车实际始发时刻与期待始发时刻的偏差
$g_f(a_f)$	当列车运行弧a_f选中时所产生的列车运行或等待的时间
$\tau_f(s_1, s_2)$	列车f在区间(s_1, s_2)的运行时间
$\delta_{\min}^{f,s}$、$\delta_{\max}^{f,s}$	列车f在车站s的最小、最大停站时间

续上表

符号	含义
σ	动车组的立即折返时间标准
$bt_{a_f,b}^{start}, bt_{a_f,b}^{end}$	列车运行弧 a_f 对闭塞分区 b 的开始和结束占用时间
E	投入运用的动车组数量
P_f	列车 f 的初始运输产出
w_a	弧 a 的权
x_a	0-1 变量,列车运行弧或动车组上下线弧 a 被选中为 1
y_a	0-1 变量,动车组等待弧 a 被选中为 1
o_r	0-1 变量,闭塞行车资源 r 被占用为 1

第 4 章使用的数学符号 附表 A-4

符号	含义
$I_{追}$	区间追踪间隔时间
$I_{通}$	车站通过追踪间隔时间
$I_{发}$	车站出发追踪间隔时间
$I_{通发}$	车站同方向通发追踪间隔时间
$I_{到}$	车站到达追踪间隔时间
$I_{到通}$	车站同方向到通追踪间隔时间
$\tau_{发到}$	由于股道占用冲突产生的车站间隔时间
$\tau_{敌到发}$	由于敌对进路产生的车站到发间隔时间
$\tau_{敌发到}$	由于敌对进路产生的车站发到间隔时间
s	车站
t	时刻
f	列车
v_f^O, v_f^D	宏观层时空网络中,列车流的产生与消失节点
Arr, Dep	宏观层时空网络中,列车的到达、出发状态
a_f	宏观层时空网络中的弧
A_f^R	列车 f 的运行弧集合
A_f^D	列车 f 的停站弧集合

续上表

符号	含义
A_f^V	列车 f 的虚拟弧集合
x_a	0-1 变量,宏观层时空网络中的弧 a 被选中时取值为1,否则为0
K	进路
$\mathcal{K}$	进路集合
$\mathcal{K}_g$	进路分组 g 中的进路集合
C	轨道电路
$\mathcal{C}, \mathcal{C}_K$	轨道电路集合,进路 K 建立需要占用的轨道电路集合
n_f^A	到达作业
n_f^D	出发作业
n_f^W	停留作业
N_f	1 列车 f 作业集合(序列)
$\mathcal{N}_f$	列车 f 的所有可行作业组集合(序列)
y_n	0-1 变量,作业 n 被选中时取值为1,否则为0
bt_{start}^c	列车开始占用轨道电路时刻与到发时刻的差
bt_{end}^c	列车结束占用轨道电路时刻与到发时刻的差
R_n	到达或出发作业 n 占用的轨道电路时空资源
$r(C, \tau)$	轨道电路 C 在 τ 时刻的轨道电路时空资源
α	换算系数
A_v^+, A_v^-	宏观层时空网节点 v 的流入和流出弧的集合
r	宏观闭塞时空资源
$R(a_f)$	列车宏观弧 a_f 所占用的宏观闭塞时空资源集合
z_{N_f}	0-1 变量,作业组 N_f 被选中时取值为1
N_{a_f}	与列车宏观弧 a_f 存在一致性关系的微观作业集合

第5.2节使用的数学符号　　　　　　　　　　　　　附表 A-5

符号	含义
f	列车
z_f	0-1 变量,列车 f 被铺画入列车运行图中为1,否则为0

续上表

符号	含义
l	宏观路网中的路段
C_l	路段 l 的理论通过能力
δ_l	路段 l 的通过能力可用系数
s	车站
F_s^+、F_s^-	进入、离开车站 s 的列车集合
N_s	车站 s 的接发车能力(之和)
η_s	车站 s 的接发车能力可用系数
M_w	类别 w 列车应开行的最小数量
x_a	0-1 变量,列车时空弧 a 被选中为 1,否则为 0
A_v^+、A_v^-	流入、流出时空节点 v 的弧的集合
O_f、D_f	列车 f 的产生和消失虚拟节点
r	闭塞时空资源
R	闭塞时空资源全集
$R(a)$	时空弧 a 被选中后,需要占用的闭塞时空资源集合

附录 B 计算参数和数据输入

京津城际铁路区间运行时分（单位：min）　　　　　　　附表 B-1

区间起点车站	区间终点车站	下行			上行		
		纯运行时分	起动附加时分	停车附加时分	纯运行时分	起动附加时分	停车附加时分
北京南	亦庄	7	2	3	8	2	2
亦庄	永乐	5	2	3	5	2	3
永乐	武清	8	2	3	8	2	3
武清	南仓线路所	5	2	3	5	2	3
南仓线路所	天津	7	2	2	6	2	2
天津	机场西线路所	7	2	3	6	2	2
机场西线路所	军粮城北	2	2	3	1	2	3
军粮城北	滨海西线路所	2	2	3	2	2	3
滨海西线路所	塘沽	4	2	3	4	2	3
塘沽	于家堡	6	2	1	4	2	1

第 4.4 节案例分析备选列车集合　　　　　　　　　　　附表 B-2

列车类别	运行区段	最早始发时刻(min)	最晚始发时刻(min)	最长运行时分(min)	列车初始产出P_f	数量(列)
C100X	北京南—天津	30	70	240	200	8
C100X	天津—北京南	50	90	240	200	8
C110X	北京南—天津	70	110	240	200	8
C110X	天津—北京南	90	130	240	200	8
C120X	北京南—天津	110	150	240	200	8
C120X	天津—北京南	130	170	240	200	8
C130X	北京南—天津	150	190	240	200	8

续上表

列车类别	运行区段	最早始发时刻(min)	最晚始发时刻(min)	最长运行时分(min)	列车初始产出P_f	数量(列)
C130X	天津—北京南	170	210	240	200	8
C140X	北京南—天津	190	230	240	200	8
C140X	天津—北京南	210	250	240	200	8
C150X	北京南—天津	230	270	240	200	8
C150X	天津—北京南	250	290	240	200	8

郑州高速铁路枢纽跨线列车运行径路　　　　附表 B-3

运行方向	运行径路	运行方向	运行径路
高速列车			
京广—徐兰（北—东）	经由马头岗线路所、郑州东徐兰场换向	徐兰—京广（东—北）	经由鸿宝线路所、郑州东京广场换向
京广—徐兰（北—西）	经由马头岗线路所、郑州东徐兰场	徐兰—京广（西—北）	经由曹古寺线路所、郑州东京广场
京广—徐兰（南—东）	经由郑州东京广场、鸿宝线路所	徐兰—京广（东—南）	经由鸿宝线路所、郑州东京广场
京广—徐兰（南—西）	经由二郎庙线路所、疏解区线路所、郑州、郑州西	徐兰—京广（西—南）	经由郑州西、郑州、疏解区线路所、二郎庙线路所
城际列车			
郑焦—郑开	经由郑州、疏解区线路所、郑州东京广场、文苑南路线路所	郑焦—郑机	经由郑州、疏解区线路所、二郎庙线路所
郑开—郑焦	经由郑州东城际场、郑州东京广场、疏解区线路所、郑州	郑机—郑焦	经由二郎庙线路所、疏解区线路所、郑州
高铁城际跨线			
郑焦—徐兰（西—东）	经由郑州、疏解区线路所、郑州东京广场、鸿宝线路所	徐兰—郑焦（东—西）	经由鸿宝线路所、郑州东京广场、疏解区线路所、郑州

附录B 计算参数和数据输入

郑州局集团公司管辖范围内高速铁路、城际铁路列车运行时分(单位:min)

附表 B-4

区间起点车站	区间终点车站	下行			上行		
		纯运行时分	起动附加时分	停车附加时分	纯运行时分	起动附加时分	停车附加时分
安阳东	鹤壁东	10	3	3	10	3	3
鹤壁东	新乡东	11	3	3	11	3	3
新乡东	马头岗线路所	14	3	3	14	3	3
马头岗线路所	郑州东京广场	2	3	3	2	3	3
郑州东京广场	二郎庙线路所	2	3	3	2	3	3
二郎庙线路所	许昌东	16	3	3	16	3	3
商丘	民权北	10	3	3	10	2	3
民权北	兰考南	7	2	3	7	2	3
兰考南	开封北	11	2	3	11	2	3
开封北	鸿宝线路所	10	2	3	10	2	3
鸿宝线路所	郑州东徐兰场	5	2	3	5	2	3
郑州东徐兰场	曹古寺线路所	5	2	3	4	2	3
曹古寺线路所	郑州西	12	2	3	12	2	3
郑州西	巩义南	11	3	3	11	3	3
巩义南	洛阳龙门	9	3	3	9	3	3
洛阳龙门	渑池南	14	3	3	14	3	3
渑池南	三门峡西	12	3	3	12	3	3
三门峡西	灵宝西	10	3	3	10	3	3
宋城路	运粮河	7	2	2	7	2	2
运粮河	绿博园	8	2	2	8	2	2
绿博园	贾鲁河	3	2	2	3	2	2
贾鲁河	文苑南路线路所	4	2	2	4	2	2
文苑南路线路所	郑州东城际场	3	2	2	3	2	2
郑州东城际场	二郎庙线路所	2	2	2	2	2	2

· 161 ·

续上表

区间起点车站	区间终点车站	下行			上行		
		纯运行时分	起动附加时分	停车附加时分	纯运行时分	起动附加时分	停车附加时分
二郎庙线路所	南曹	1	2	2	1	2	2
南曹	孟庄	4	2	2	4	2	2
孟庄	新郑机场	5	2	2	5	2	2
郑州	南阳寨	5	2	2	5	2	2
南阳寨	黄河景区	6	2	2	6	2	2
黄河景区	武陟	7	2	2	7	2	2
武陟	修武西	5	2	2	5	2	2
修武西	焦作	8	2	2	8	2	2
郑州东京广场	鸿宝线路所	6	2	2	6	2	2
郑州东京广场	疏解区线路所	3	2	3	3	2	3
疏解区线路所	二郎庙线路所	3	2	3	3	2	3
疏解区线路所	郑州	8	2	3	8	2	3
郑州西	中原	8	2	2	8	2	2
中原	郑州	4	2	1	4	2	1
马头岗线路所	郑州东徐兰场	2	2	3			
曹古寺线路所	郑州东京广场	4	2	2			
郑州东城际场	郑州东京广场	0	0	0			

第6.1节 列车备选及描述   附表B-5

线路	列车类别	径路描述	列车数量（列/d）	备注
京广高铁	郑州枢纽通过	安阳东—许昌东	52	含动车7列/d
		许昌东—安阳东	52	含动车7列/d
	郑州枢纽始发终到	郑州东京广场—安阳东	9	
		安阳东—郑州东京广场	9	
		郑州东京广场—许昌东	12	

续上表

线路	列车类别	径路描述	列车数量（列/d）	备注
京广高铁	郑州枢纽始发终到	许昌东—郑州东京广场	13	
		郑州—安阳东	4	经由疏解区线路所、郑州东京广场
		安阳东—郑州	4	经由马头岗线路所、郑州东徐兰场
		许昌东—郑州	2	经由二郎庙线路所、疏解区线路所
		郑州—许昌东	2	
徐兰高铁	郑州枢纽通过	商丘—灵宝西	26	含动车1列/d
		灵宝西—商丘	27	含动车1列/d
		商丘—洛阳龙门	1	
		洛阳龙门—商丘	1	
	郑州枢纽始发终到	郑州东徐兰场—洛阳龙门	1	含动车1列/d
		洛阳龙门—郑州东徐兰场	1	含动车1列/d
		郑州东徐兰场—商丘	14	
		商丘—郑州东徐兰场	16	
		郑州—灵宝西	4	经由郑州西
		灵宝西—郑州	3	
		郑州—商丘	1	经由疏解区线路所、郑州东京广场、鸿宝线路所
		商丘—郑州	1	
京广高铁—徐兰高铁（跨线）	郑州枢纽通过	安阳东—商丘	5	经由马头岗线路所、郑州东徐兰场（换向）
		商丘—安阳东	4	经由鸿宝线路所、郑州东京广场（换向）
		安阳东—灵宝西	21	经由马头岗线路所、郑州东徐兰场
		灵宝西—安阳东	21	经由曹古寺线路所、郑州东京广场

续上表

线路	列车类别	径路描述	列车数量（列/d）	备注
京广高铁—徐兰高铁（跨线）	郑州枢纽通过	许昌东—商丘	12	经由郑州东京广场、鸿宝线路所
		商丘—许昌东	12	经由鸿宝线路所、郑州东京广场
		许昌东—灵宝西	15	经由二郎庙线路所、疏解区线路所、郑州
		灵宝西—许昌东	15	
		洛阳龙门—安阳东	1	经由曹古寺线路所、郑州东京广场
		洛阳龙门—许昌东	1	经由二郎庙线路所、疏解区线路所、郑州
郑机城际	郑州枢纽始发终到	郑州东城际场—新郑机场	17	
		新郑机场—郑州东城际场	17	
		新郑机场—郑州	2	经由二郎庙线路所、疏解区线路所
		郑州—新郑机场	2	
郑焦城际	郑州枢纽始发终到	焦作—郑州	11	
		郑州—焦作	11	
		焦作—郑州东京广场	1	经由疏解区线路所
		郑州东京广场—焦作	1	
郑开城际	郑州枢纽始发终到	郑州东城际场—宋城路	8	
		宋城路—郑州东城际场	8	
		宋城路—郑州	1	
城际铁路跨线	郑州枢纽通过	新郑机场—宋城路	2	
		宋城路—新郑机场	2	
高铁、城际跨线	郑州枢纽通过	焦作—商丘	1	经由郑州、疏解区线路所、郑州东京广场、鸿宝线路所
		商丘—焦作	1	经由鸿宝线路所、郑州东京广场、疏解区线路所、郑州

附录B 计算参数和数据输入

第6.3节列车初始运输产出

附表B-6

线路	径路	列车类别	列车数量（列/d）	初始运输产出P_f
京广高铁	本线通过	标杆	5	250
		其他	167	180
	郑州枢纽始发	—	124	100
徐兰高铁	本线通过	标杆	2	250
		其他	182	180
	郑州枢纽始发	—	28	100
	洛阳龙门—商丘	—	8	120
	洛阳龙门—郑州东	—	8	80
京广—徐兰高铁	跨线（通过）	标杆	5	250
		其他	159	180
城际铁路	城际跨线	—	552	120
	城际本线	—	44	80

注：标注为"标杆"的列车在研究路网中仅停郑州东站或郑州站。

附录 C 计算结果

仅考虑区间能力的满表列车运行图存在的车站冲突　　　附表 C-1

车站	冲突列车组	冲突轨道电路区段及时间范围
北京南站城际场	C1405/C1308	C23(3:19—3:20),C21(3:19—3:20)
	C1302/C1403	C23(3:44)
	C1205/C1108	C20(2:00—2:01),C17(2:00—2:01)
	C1102/C1203	C19(2:25),C21(2:25—2:26),C23(2:25—2:26),C24(2:25—2:26)
	C1207/C1106	C20(2:31),C17(2:31)
	C1206/C1311	C21(2:49—2:50),C23(2:49—2:50),C24(2:49—2:50)
	C1507/C1310	C17(3:59)
	C1414/C1501	C21(4:20),C23(4:20),C24(4:20)
	C1101/C1014	C20(1:36—1:37),C17(1:36—1:37),C13(1:36),C7(1:36)
	C1104/C1201	C21(1:54—1:56),C23(1:54—1:56)
天津站城际场	C1210/C1205	C4(2:28—2:29),C6(2:28),C8(2:28)
	C1203/C1204	C3(2:46—2:48),C1(2:46—2:48)
	C1214/C1209	C4(2:34—2:35),C6(2:34),C8(2:34)
	C1207/C1304	C3(2:52—2:54),C1(2:52—2:54)
	C1004/C1003	C4(1:22—1:23),C6(1:22),C8(1:22),C11(1:22)
	C1111/C1112	C3(1:46—1:47),C1(1:46—1:47)
	C1008/C1007	C4(1:28—1:29),C6(1:28),C8(1:28),C11(1:28)
	C1115/C1116	C3(1:52—1:53),C1(1:52—1:53)
	C1302/C1315	C9(3:16),C15(3:16)
	C1305/C1402	C15(3:34),C9(3:34)
	C1310/C1301	C1(3:28—3:30),C3(3:28—3:30)

续上表

车站	冲突列车组	冲突轨道电路区段及时间范围
天津站城际场	C1405/C1410	C7(3:46),C5(3:46—3:47),C3(3:46—3:47), C1(3:46—3:48)
	C1406/C1401	C4(3:40—3:42),C6(3:40—3:41), C8(3:40—3:41),C11(3:40—3:41)
	C1403/C1404	C3(4:04—4:07),C1(4:04—4:06)

参 考 文 献

[1] 中华人民共和国统计局. 国家数据[A/OL]. (2020-12-30)[2020-12-30]. https://data.stats.gov.cn/easyquery.htm?cn=C01.

[2] 中国国家铁路集团公司. 中国国家铁路集团有限公司2020年统计公报[EB/OL]. (2021-03-05)[2021-03-08]. http://www.china-railway.con.cn/wnfw/sifw/202104/t20210429 114598.html.

[3] UIC. High Speed Lines in The World[A/OL]. (2020-02-27)[2020-12-30]. https://uic.org/IMG/pdf/20181001-high-speed-lines-in-the-world.pdf.

[4] 国家发展改革委, 交通运输部, 中国铁路总公司. 中长期铁路网规划[R/OL]. (2016-07-13)[2020-12-30]. https://www.gov.cn/xinwen/2016-07/20/5093165/files/1ebe946db2aa47248b799a1deed88144.pdf.

[5] 中国国家铁路集团有限公司. 新时代交通强国铁路先行规划纲要[R/OL]. (2020-08-12)[2020-12-30]. http://www.china-railway.com.cn/xwzx/rdzt/ghgy/gyqw/202008/t20200812_107636.html.

[6] 中国国家铁路集团有限公司. 中国铁道年鉴2019[A]. 北京:中国铁道出版社有限公司, 2020.

[7] 杨浩. 铁路运输组织学[M]. 3版. 北京:中国铁道出版社, 2011:367.

[8] 孔庆钤, 刘其斌. 铁路运输能力计算与加强[M]. 北京:中国铁道出版社, 1999.

[9] BEŠINOVIC N, GOVERDE R M P. Capacity assessment in railway networks[M]// BORNDORFER R, KLUG T, LAMORGESE L, et al. Handbook of optimization in the railway industry. Cham: Springer, 2018:25-45.

[10] KRUEGER H. Parametric modeling in rail capacity planning[C]// PHILLIP A, FARRINGTON P A, NEMBHARD H B. Proceedings of the 31st conference on Winter simulation: Simulation. Arizona, US: Association for Computing Machinery, 1999:1194-1200.

[11] 张守帅, 田长海, 闫海峰. 扣除系数法在高速铁路通过能力计算中的适应性[J]. 交通运输系统工程与信息, 2017, 17(2):148-153, 159.

[12] 张嘉敏, 韩宝明. 高速铁路车站能力计算与评估策略的比较分析[J]. 中国铁路, 2011(3):22-25.

[13] 崔艳萍,肖睿.铁路运输能力研究综述[J].铁道运输与经济,2015,37(6):20-26.

[14] KHADEM-SAMENI M K,PRESTON J M,ARMSTRONG J. Railway capacity challenge: Measuring and Managing[C] // ASME/IEEE,2010 Joint Rail Conference,Illinois,US:ASME/IEEE,2010:571-578.

[15] VIEIRA A P,CHRISTOFOLETTI L M,VILELA P R S. Analyzing railway capacity using a planning tool[C] // ASME/IEEE,2018 Joint Rail Conference,ASME/IEEE,2018,50978:V001T04A004.

[16] ABRIL M,BARBER F,INGOLOTTI L,et al. An assessment of railway capacity[J]. Transportation Research Part E:Logistics and Transportation Review,2008,44(5):774-806.

[17] POURYOUSEF H,LAUTALA P,WHITE T. Railroad capacity tools and methodologies in the US and Europe[J]. Journal of Modern Transportation,2015,23(1):30-42.

[18] 张新.基于能力利用的高速铁路周期模式列车开行方案优化理论与方法[D].北京:北京交通大学,2019.

[19] PETERING M E H,HEYDAR M,BERGMANN D R. Mixed-integer programming for railway capacity analysis and cyclic,combined train timetabling and platforming[J]. Transportation Science,2016,50(3):892-909.

[20] BURDETT R L. Optimisation models for expanding a railway's theoretical capacity[J]. European Journal of Operational Research,2016,251(3):783-797.

[21] 金祖德.提高京沪高速铁路通过能力的思考[J].铁道运输与经济,2013,35(12):19-22.

[22] 王宝杰.京沪高速铁路通过能力影响因素分析[J].铁道运输与经济,2017,39(6):16-21.

[23] International Union of Railways(UIC). Leaflet UIC. 406-Capacity[R]. Paris:International Union of Railways(UIC),2004.

[24] 鞠浩然,马驷.基于服务水平的城际铁路通过能力计算[J].铁道运输与经济,2014,36(1):18-21,87.

[25] 张星臣,胡安洲.论铁路运输能力储备[J].北方交通大学学报,1994,18(4):506-512.

[26] 张星臣,胡安洲,杨浩.铁路运输储备能力合理分配的计算机模拟研究[J].铁

道学报,1997,19(5):1-6.

[27] 郑亚晶,张星臣,徐彬,等.铁路路网运输能力可靠性研究[J].交通运输系统工程与信息,2011,11(4):16-21.

[28] ROTOLI F, MALAVASI G, RICCI S. Complex railway systems: Capacity and utilisation of interconnected networks[J]. European Transport Research Review, 2016,8(4):29.

[29] KOZAN E, BURDETT R. A railway capacity determination model and rail access charging methodologies[J]. Transportation Planning and Technology, 2005, 28(1):27-45.

[30] ABRAMOVIĆ B, ZITRICKÝ V, MESKO P. Draft Methodology to Specify the Railway Sections Capacity[J]. LOGI-Scientific Journal on Transport and Logistics, 2017,8(1):1-10.

[31] MUSSONE L, CALVO R W. An analytical approach to calculate the capacity of a railway system[J]. European Journal of Operational Research, 2013, 228(1): 11-23.

[32] BURDETT R L, KOZAN E. Techniques for absolute capacity determination in Railways[J]. Transportation Research Part B: Methodological, 2006, 40(8): 616-632.

[33] 李海鹰,张超.铁路站场及枢纽[M].北京:中国铁道出版社,2011:152.

[34] 高家驹.双线自动闭塞区段快速旅客列车扣除系数确定方法的研究[J].唐山铁道学院学报,1964(2):98-113.

[35] 中华人民共和国铁道部.铁路区间通过能力计算办法:(84)铁运字664号[R].北京:中华人民共和国铁道部,1984.

[36] 田长海,朱家荷,徐意.双线自闭区段提速后旅客列车扣除系数的计算方法及数值变化[J].中国铁道科学,2002,23(1):114-122.

[37] 倪少权,吕红霞,马驷.单线半自动闭塞区段提速旅客列车扣除系数[J].西南交通大学学报,2003,38(2):192-195.

[38] 魏玉光,张红亮,杨浩.道岔选型对重载铁路车站通过能力影响的研究[J].中国铁道科学,2013,34(4):95-98.

[39] 彭其渊,闫海峰,殷勇.单线提速区段通过能力和旅行速度的研究[J].西南交通大学学报,2002,37(5):510-514.

[40] 赵鹏,童有超,张进川,等.单线铁路成对追踪平行运行图通过能力计算方法

研究[J].铁道学报,2020,42(12):1-9.

[41] 赵丽珍,朱家荷.利用区间渡线组织列车越行对高速铁路区间通过能力的影响[J].中国铁道科学,2002,23(5):11-17.

[42] 闫海峰,彭其渊,方贵金.双线铁路反向行车对正向线路通过能力和列车旅行速度的影响分析[J].中国铁道科学,2003,24(6):129-133.

[43] 刘振娟.电气化铁路检修天窗对通过能力的影响[J].铁道运输与经济,2005,27(11):81-82.

[44] 牛会想.重载铁路通过能力计算方法研究[J].铁道运输与经济,2009,31(9):76-78.

[45] 张伦.京沪高速铁路北京南至济南西段区间通过能力探讨[J].高速铁路技术,2012,3(6):27-29.

[46] 李洁,魏滟玲.分段矩形天窗对京沪高速铁路通过能力影响分析[J].交通运输工程与信息学报,2015,13(1):33-38,57.

[47] 陶思宇,黄树明,屈明月.基于周期天窗的高速铁路夕发朝至列车通过能力研究[J].铁道运输与经济,2014,36(1):9-13.

[48] 朱家荷,刘新,梁倩.青藏铁路格拉段区间通过能力的研究[J].中国铁道科学,2007,28(5):128-135.

[49] 童有超,赵鹏,张进川,等.基于移动闭塞的单线铁路扩能方案研究[J].铁道运输与经济,2020,42(2):16-21,61.

[50] 胡小勇.提高青藏线格拉段通过能力的研究[J].铁道运输与经济,2006,28(10):11-12.

[51] 赵丽珍,赵映莲,兰淑梅.青藏铁路格拉段运输能力分析[J].中国铁道科学,2003,24(6):118-123.

[52] 李洪波.铁路双线区间通过能力计算方法的改进[J].铁道运输与经济,2007,29(8):68-69.

[53] 徐意,田长海,方琪根.以客运为主单线铁路通过能力计算方法[J].中国铁道科学,2003,24(4):127-129.

[54] 胡思继,赵东.京沪高速铁路客流区段通过能力问题的研究[J].北方交通大学学报,1998,22(6):37-41.

[55] 吕苗苗,倪少权,陈钉均.高速铁路通过能力计算方法研究[J].交通运输工程与信息学报,2016,14(1):19-24.

[56] 郑金子,刘军.不同运输组织模式下京沪高铁通过能力的研究[J].交通运输

系统工程与信息,2012,12(4):22-28.

[57] 陆云笛.京沪高速铁路在越行情况下的通过能力研究[J].铁道经济研究,2019(5):34-38.

[58] 陈虹静,李晟东.高速铁路旅客列车扣除系数计算方法研究[J].综合运输,2018,40(5):71-75,95.

[59] 李慧娟.京沪高速铁路通过能力计算扣除系数法研究[J].铁道运输与经济,2018,40(2):12-17.

[60] 夏昭辉.高速铁路停站方案对通过能力影响的研究[J].铁道运输与经济,2018,40(3):19-23,28.

[61] 梁栋,肖睿,赵颖.铁路运输能力计算理论方法改进研究[J].铁道经济研究,2011(6):1-4,8.

[62] 倪少权,左大杰,王慈光.高速铁路越行站分布对通过能力的影响[J].中国铁道科学,2005,26(3):7-10.

[63] LAI Y C,LIU Y H,LIN Y J. Standardization of capacity unit for headway-based rail capacity analysis[J]. Transportation Research Part C:Emerging Technologies,2015,57:68-84.

[64] 胡思继.列车运行组织及通过能力理论[M].北京:中国铁道出版社,1993.

[65] 赵东,胡思继.高速铁路客流区段通过能力计算新方法研究[J].铁道学报,2018,40(9):1-6.

[66] 曲思源,徐行方,张怡.城际铁路高峰时段通过能力计算方法研究[J].交通运输系统工程与信息,2011,11(2):142-148.

[67] 武旭,崔艳萍,胡思继,等.高速铁路无越行区段通过能力计算方法[J].中国铁道科学,2015,36(5):110-115.

[68] 朱家荷,汤奇志,赵春雷,等.铁路区间通过能力计算方法的变革[J].铁道运输与经济,2005,27(7):72-76.

[69] 汤奇志,朱家荷,赵春雷,等.既有线提速200 km·h⁻¹的线路区间通过能力分析[J].中国铁道科学,2005,26(5):123-127.

[70] 姜兴,吴其刚,杜鹏.铁路双线自动闭塞区间通过能力计算方法研究[J].铁道运输与经济,2008,30(11):84-87.

[71] 朱家荷,刘新,张巍.城际铁路列车停站对小时通过能力的影响[J].中国铁道科学,2009,30(4):108-112.

[72] 贾永刚,徐利民.高速铁路对既有线区间通过能力的影响研究[J].铁道运输

与经济,2013,35(12):14-18.

[73] 蒋琦.客运专线运行不同种类列车时通过能力的分析研究[J].中国铁路,2012(4):48-50,72.

[74] 李亚南.普速旅客列车跨线运行时通过能力计算方法的探讨[J].中国铁路,2012(3):46-48,52.

[75] 朱小军,赵鹏.基于CTCS3级的高速铁路通过能力分析[J].武汉理工大学学报(交通科学与工程版),2012,36(4):861-864.

[76] WEIK N,NIEBEL N,NIESSEN N. Capacity analysis of railway lines in Germany:A rigorous discussion of the queueing based approach[J]. Journal of Rail Transport Planning & Management,2016,6(2):99-115.

[77] WENDLER E. The scheduled waiting time on railway lines[J]. Transportation Research Part B:Methodological,2007,41(2):148-158.

[78] HUISMAN T,BOUCHERIE R J,VAN DIJK N M. A solvable queueing network model for railway networks and its validation and applications for the Netherlands [J]. European Journal of Operational Research,2002,142(1):30-51.

[79] YUAN J X,HANSEN I A. Optimizing capacity utilization of stations by estimating knock-on train delays[J]. Transportation Research Part B:Methodological,2007,41(2):202-217.

[80] 徐瑞华.铁路运输能力利用中的能力损失研究[J].上海铁道大学学报,1997,18(1):79-84.

[81] 赵钢,李映红.铁路通过能力计算值可信度分析[J].交通科技与经济,2008,10(3):108-109.

[82] International Union of Railways(UIC). Leaflet UIC,406-Capacity[R]. 2nd. Paris:International Union of Railways(UIC),2013.

[83] LANDEX A,KAAS A H,SCHITTENHELM B,et al. Evaluation of railway capacity [C]//Proceedings from the Annual Transport Conference at Aalborg University,2006,13(1).

[84] LANDEX A. Methods to estimate railway capacity and passenger delays[D]. Kgs. Lyngby:Technical University of Denmark,2008.

[85] LANDEX A. Evaluation of railway networks with single track operation using the UIC 406 capacity method[J]. Networks and Spatial Economics,2009,9(1):7-23.

[86] GOVERDE R M P,CORMAN F,D'ARIANO A. Railway line capacity consump-

tion of different railway signalling systems under scheduled and disturbed conditions[J]. Journal of Rail Transport Planning & Management,2013,3(3):78-94.

[87] JAMILI A. Computation of practical capacity in single-track railway lines based on computing the minimum buffer times[J]. Journal of Rail Transport Planning & Management,2018,8(2):91-102.

[88] JENSEN L W,LANDEX A,NIELSEN O A,et al. Strategic assessment of capacity consumption in railway networks:Framework and model[J]. Transportation Research Part C:Emerging Technologies,2017,74:126-149.

[89] JENSEN L W,SCHMIDT M,NIELSEN O A. Determination of infrastructure capacity in railway networks without the need for a fixed timetable[J]. Transportation Research Part C:Emerging Technologies,2020,119:102751.

[90] 李晓娟,韩宝明,李得伟.高速铁路路网能力评估方法研究[J].综合运输,2013(2):67-70.

[91] 张嘉敏,韩宝明.基于UIC 406的铁路能力消耗与能力使用分析[J].物流技术,2011,30(9):31-33,115.

[92] ZHANG J M,HAN B M,NIE L. Research on capacity calculation and assessment framework for Chinese high speed railway based on UIC 406[J]. Journal of System and Management Sciences,2011,1(6):59-75.

[93] 刘敏,韩宝明,李得伟.高速铁路车站通过能力计算和评估[J].铁道学报,2012,34(4):9-15.

[94] 王高磊,田长海,张守帅.基于UIC406的铁路区段通过能力计算方法研究[J].铁道运输与经济,2019,41(4):20-27.

[95] 张伦,赵汗青,王闻蓉,等.基于UIC406的铁路区间通过能力计算研究[J].铁道运输与经济,2019,41(12):71-76.

[96] DICEMBRE A,RICCI S. Railway traffic on high density urban corridors:Capacity,signalling and timetable[J]. Journal of Rail Transport Planning & Management,2011,1(2):59-68.

[97] LINDFELDT A. Railway capacity analysis:Methods for simulation and evaluation of timetables, delays and infrastructure[D]. Stockholm:KTH Royal Institute of Technology,2015.

[98] 褚文君.双线铁路通过能力图解计算方法研究[J].铁道运输与经济,2020,42(1):12-18,30.

[99] 张玲.关于计算铁路区间通过能力的图解法[J].铁道学报,1985,7(2):70-78.

[100] 郭富娥.计算机计算铁路区间通过能力及列车旅行速度的研究[J].中国铁道科学,1993,14(4):32-41.

[101] 徐瑞华,季令.繁忙铁路干线旅客列车提速条件下通过能力的计算机仿真模型[J].中国铁路,1996(12):17-20.

[102] 徐瑞华.铁路运输能力利用中的能力损失研究[J].上海铁道大学学报,1997,18(1):79-84.

[103] 赵丽珍.高速铁路区间通过能力计算与分析[J].中国铁道科学,2001,22(6):54-58.

[104] 杨肇夏,杨宇栋,孙全欣,等.京沪高速铁路区间通过能力计算参数及列车扣除系数的探讨[J].北方交通大学学报,1995,19(S1):1-8.

[105] ZHU E,CRAINIC T G,GENDREAU M. Scheduled service network design for freight rail transportation[J]. Operations Research,2014,62(2):383-400.

[106] SCHÖBEL A. An eigenmodel for iterative line planning,timetabling and vehicle scheduling in public transportation[J]. Transportation Research Part C:Emerging Technologies,2017,74:348-365.

[107] ZHANG Q,LUSBY R M,SHANG P,et al. Simultaneously re-optimizing timetables and platform schedules under planned track maintenance for a high-speed railway network[J]. Transportation Research Part C:Emerging Technologies,2020,121:102823.

[108] XU X M,LI C L,XU Z. Integrated train timetabling and locomotive assignment[J]. Transportation Research Part B:Methodological,2018,117:573-593.

[109] VEELENTURF L P,KROON L G,MARÓTI G. Passenger oriented railway disruption management by adapting timetables and rolling stock schedules[J]. Transportation Research Part C:Emerging Technologies,2017,80:133-147.

[110] DOLLEVOET T,HUISMAN D,KROON L G,et al. Application of an iterative framework for real-time railway rescheduling[J]. Computers & Operations Research,2017,78:203-217.

[111] 廖正文,李海鹰,王莹,等.考虑多种资源约束的城际铁路运输能力计算方法[J].铁道学报,2021,43(2):1-8.

[112] 孙琦,周磊山,吴晓东.铁路V型天窗对线路能力影响的模拟分析方法研究

[J]. 系统仿真学报,2008,20(16):4429-4433.

[113] 李海鹰,栾晓洁,孟令云,等.铁路既有线释放能力计算方法[J].中国铁道科学,2014,35(3):113-119.

[114] 路超,周磊山,陈然.最大通过能力下高速铁路运行图优化研究[J].铁道科学与工程学报,2018,15(11):2746-2754.

[115] PELLEGRINI P. RECIFE-SAT: A MILP-based algorithm for saturating railway timetables[D]. Lille: IFSTTAR-Institut Français des Sciences et Technologies des Transports, de l'Aménagement et des Réseaux, 2017.

[116] KIM H, JEONG I J, PARK D. Railway capacity allocation modeling using a genetic algorithm[J]. Transportation Research Record, 2017, 2608(1):115-124.

[117] YAGHINI M, SARMADI M, NIKOO N, et al. Capacity consumption analysis using heuristic solution method for under construction railway routes[J]. Networks and Spatial Economics, 2014, 14(3-4):317-333.

[118] YAGHINI M, NIKOO N, AHADI H R. An integer programming model for analysing impacts of different train types on railway line capacity[J]. Transport, 2014, 29(1):28-35.

[119] LI F, GAO Z Y, WANG D Z W, et al. A subjective capacity evaluation model for single-track railway system with δ-balanced traffic and λ-tolerance level[J]. Transportation Research Part B: Methodological, 2017, 105:43-66.

[120] PUTALLAZ Y, RIVIER R. Strategic evolution of railway corridor infrastructure: Dual approach for assessing capacity investments and M&R strategies[J]. WIT Transactions on the Built Environment: Computers in Railwags IX. Southampton, UK: WIT Press, 2004:61-72.

[121] DE KORT A F, HEIDERGOTT B, AYHAN H. A Probabilistic(max, +)approach for determining railway infrastructure capacity[J]. European Journal of Operational Research, 2003, 148(3):644-661.

[122] ZHANG J M. Analysis on line capacity usage for China high speed railway with optimization approach[J]. Transportation Research Part A: Policy and Practice, 2015, 77:336-349.

[123] REINHARDT L B, PISINGER D, LUSBY R. Railway capacity and expansion analysis using time discretized paths[J]. Flexible Services and Manufacturing Journal, 2018, 30(4):712-739.

[124] ZHANG X, NIE L. Integrating capacity analysis with high-speed pailway timetabling: A minimum cycle time calculation model with flexible overtaking constraints and intelligent enumeration[J]. Transportation Research Part C: Emerging Technologies, 2016, 68: 509-531.

[125] 陈晓竹, 曾诚. 高速铁路车站-区间能力协调性的重要影响因素分析[J]. 交通运输工程与信息学报, 2014, 12(2): 65-69.

[126] 赵欣苗, 尹相勇, 李茜, 等. 列车追踪间隔时间对高速铁路通过能力利用的影响分析[J]. 铁道科学与工程学报, 2016, 13(11): 2099-2106.

[127] LJUBAJ I, MLINARIĆ T J, RADONJIĆ D. Proposed solutions for increasing the capacity of the mediterranean corridor on section Zagreb-Rijeka[J]. Procedia Engineering, 2017, 192: 545-550.

[128] SHIH M C, DICK C T, BARKAN C P L. Impact of passenger train capacity and level of service on shared rail corridors with multiple types of freight trains[J]. Transportation Research Record, 2015, 2475(1): 63-71.

[129] DINGLER M H, LAI Y C, BARKAN C P L. Impact of train type heterogeneity on single-track railway capacity[J]. Transportation Research Record, 2009, 2117(1): 41-49.

[130] HANSEN I A. Review of planning and capacity analysis for stations with multiple platforms-case stuttgart 21[J]. Journal of Rail Transport Planning & Management, 2017, 6(4): 313-330.

[131] ILIASOV A, LOPATKIN I, ROMANOVSKY A. The safecap platform for modelling railway safety and capacity[C] // EWICS. International Conference on Computer Safety, Reliability, and Security. Heidelberg, Berlin, Germany: Springer, 2013: 130-137.

[132] 孙晚华. 基于运量结构的铁路干线通过能力计算方法研究[J]. 铁道学报, 2016, 38(12): 8-13.

[133] 国家铁路局. 铁路线路设计规范: TB 10098—2017[S]. 北京: 中国铁道出版社, 2017.

[134] 周毅勇. 大准铁路单线区段运输能力研究[J]. 铁道运输与经济, 2017, 39(S1): 40-45, 52.

[135] 麻欢. 大秦铁路运输能力影响因素的探讨[J]. 铁道货运, 2014, 32(8): 40-43.

[136] 孟坚. 提高神华铁路运输能力的对策研究[J]. 铁道运输与经济, 2014, 36(7):40-44.

[137] 常培清. 谈单线铁路输送能力的特殊计算方法[J]. 内蒙古科技与经济, 2003(12):331.

[138] 杨振虹. 关于重载铁路不同牵引质量列车混跑时设计输送能力的计算[J]. 甘肃科技纵横, 2017, 46(12):67-70.

[139] 周永富, 任守良. 关于铁路运输能力计算方法的几个问题[J]. 铁道运输与经济, 1992(7):34-37.

[140] 胡思继. 规划型铁路列车运行组织理论与方法[M]. 北京:中国铁道出版社, 2017.

[141] 李雅楠. 通道型高速铁路通过能力计算及利用问题研究[D]. 上海:同济大学, 2020.

[142] LIAO Z W, LI H Y, MIAO J R, et al. Railway capacity estimation considering vehicle circulation: Integrated timetable and vehicles scheduling on hybrid time-space networks[J]. Transportation Research Part C: Emerging Technologies, 2021, 124:102961.

[143] PACHL J. Railway operation and control[M]. Mountlake Terrace: VTD Rail Publishing, 2002.

[144] KONTAXI E, RICCI S. Railway capacity analysis: Methodological framework and harmonization perspectives[C]// WCTR. Proceedings of the 12th World Conference on Transportation Research. Lisbon, Portugal, 2010.

[145] 刘佩. 基于车站间隔时间精细研究的高速铁路通过能力计算与加强[D]. 北京:北京交通大学, 2019.

[146] 张哲铭, 王莹, 廖正文, 等. 基于时空状态网络的高速铁路乘务交路计划优化研究[J]. 铁道学报, 2019, 41(9):1-11.

[147] LUAN X J, MIAO J R, MENG L Y, et al. Integrated optimization on train scheduling and preventive maintenance time slots planning[J]. Transportation Research Part C: Emerging Technologies, 2017, 80:329-359.

[148] BRÄNNLUND U, LINDBERG P O, NOU A, et al. Railway timetabling using lagrangian relaxation[J]. Transportation Science, 1998, 32(4):358-369.

[149] CAPRARA A, FISCHETTI M, TOTH P. Modeling and solving the train timetabling problem[J]. Operations Research, 2002, 50(5):851-861.

[150] MENG L Y, ZHOU X S. Simultaneous train rerouting and rescheduling on an N-track network: A model reformulation with network-based cumulative flow variables[J]. Transportation Research Part B: Methodological, 2014, 67: 208-234.

[151] 李元凯. 不同列车开行模式下高速铁路通过能力的计算与分析[D]. 北京: 北京交通大学, 2015.

[152] LUAN X J. Traffic management optimization of railway networks[D]. Delft: Delft University of Technology, 2019.

[153] LUAN X J, DE SCHUTTER B, MENG L Y, et al. Decomposition and distributed optimization of real-time traffic management for large-scale railway networks[J]. Transportation Research Part B: Methodological, 2020, 141: 72-97.

[154] ZHOU W L, TENG H L. Simultaneous passenger train routing and timetabling using an efficient train-based lagrangian relaxation decomposition[J]. Transportation Research Part B: Methodological, 2016, 94: 409-439.

[155] SHERALI H D, BISH E K, ZHU X M. Airline fleet assignment concepts, models, and algorithms[J]. European Journal of Operational Research, 2006, 172(1): 1-30.

[156] 廖正文, 苗建瑞, 孟令云, 等. 基于拉格朗日松弛的双线铁路列车运行图优化算法[J]. 铁道学报, 2016, 38(9): 1-8.

[157] FISHER M L. An applications oriented guide to lagrangian relaxation[J]. Interfaces, 1985, 15(2): 10-21.

[158] 中国铁路总公司. 高速铁路列车间隔时间查定办法: Q/CR 471—2015[S]. 北京: 中国铁道出版社, 2015.

[159] 王宇强, 方波, 魏玉光, 等. 基于点线一体化的高速铁路通过能力计算研究[J]. 铁道学报, 2020, 42(9): 1-9.

[160] 王宇强, 魏玉光, 商攀, 等. 考虑跨线列车的高速铁路能力最大化合理利用研究[J]. 铁道学报, 2020, 42(10): 23-29.

[161] LAMORGESE L, MANNINO C. An exact decomposition approach for the real-time train dispatching problem[J]. Operations Research, 2015, 63(1): 48-64.

[162] ALI A A, WARG J, ELIASSON J. Pricing commercial train path requests based on societal costs[J]. Transportation Research Part A: Policy and Practice, 2020, 132: 452-464.